rowohlts
monographien
herausgegeben
von
Kurt Kusenberg

Wolfgang Amadé Mozart

in Selbstzeugnissen
und Bilddokumenten
dargestellt von
Aloys Greither

bildmono ro ro ro graphien

Rowohlt

Dieser Band wurde eigens für «rowohlts monographien» geschrieben
Den Anhang besorgte Helmut Riege
Umschlagentwurf: Werner Rebhuhn
Vorderseite: Maria Anna und Wolfgang Mozart.
Gemälde von Johann Nepomuk della Croce.
Winter 1780/81 (Ausschnitt)
(Archiv für Kunst und Geschichte, Berlin)

Veröffentlicht im Rowohlt Taschenbuch Verlag GmbH,
Reinbek bei Hamburg, Dezember 1962
Copyright © 1962 by Rowohlt Taschenbuch Verlag GmbH,
Reinbek bei Hamburg
Alle Rechte an dieser Ausgabe vorbehalten
Gesetzt aus der Linotype-Aldus-Buchschrift
und der Palatino (D. Stempel AG)
Gesamtherstellung Clausen & Bosse, Leck
Printed in Germany
680-ISBN 3 499 50077 9

1.– 15. Tausend	Dezember 1962
16.– 20. Tausend	Oktober 1964
21.– 25. Tausend	Januar 1966
26.– 33. Tausend	Januar 1967
34.– 40. Tausend	Juli 1968
41.– 48. Tausend	März 1970
49.– 53. Tausend	November 1971
45.– 60. Tausend	Dezember 1972
61.– 65. Tausend	April 1974
66.– 70. Tausend	März 1975
71.– 75. Tausend	Februar 1976
76.– 85. Tausend	September 1976
86.– 93. Tausend	Februar 1978
94.–100. Tausend	Mai 1979
101.–108. Tausend	Oktober 1980

Inhalt

Mozart wurde am 27. Januar 1756 in Salzburg geboren und tags darauf, wie das Taufbuch der Dompfarre Salzburg nachweist, auf die Namen Johannes Chrysostomus, Wolfgangus, Theophilus getauft. Den Namen Johannes hatte er nebst dem Wolfgang mit dem um sieben Jahre früher geborenen, ihn aber um einundvierzig Jahre überlebenden Johann Wolfgang Goethe gemeinsam. Die Namen des Heiligen seines Geburtstages, des Kirchenvaters und Patriarchen Johannes Chrysostomus (Goldmund), trug er aber nicht; nur Wolfgang und Theophilus wurden seine berühmten Vornamen. Zuerst in der italienischen Form «Wolfgango Amadeo» (seit 1770) und dann in der französischen Fassung «Amadé», die er dem deutschen «Wolfgang» hinzufügte. Etwa vom Jahre 1777 ab nannte er sich ausnahmslos Wolfgang Amadé Mozart. Wir sagen heute, Mozarts deutlichen Entscheid mißachtend, meist «Amadeus»: vielleicht des Rhythmus und des ausgeglicheneren Klanges wegen. Mozart, der nie kleinlich war, wird es uns nicht verargen. Wichtiger erscheint es, daß wir dessen eingedenk sind, was der Name bedeutet: daß sein Träger «gottgeliebt» war. Dies freilich in einer Weise, die nicht so sehr auf das — von den Chronisten oft übertriebene — Glück seines irdischen Lebensweges, als auf die Gnade seiner Berufung anspielen mag.

Die Ahnen Mozarts stammen aus dem zwischen Lech, Allgäu und Donau liegenden bayrischen Schwaben: aus der alten, hügeligen Landschaft Reischenau nordwestlich von Augsburg im Landkreis Zusmarshausen. Seit 1330 ist der Name Motzhart (Muethart, Muthart) in dieser Gegend bei Bauern, Salzsiedern, Uhrmachern, Kunstmalern, auch einem Abt, bekundet.

Der bislang älteste nachweisbare Ahne, der wohlhabende Bauer David (I.) E. Motzhardt in Pfersee bei Augsburg war der Ururgroßvater Leopold Mozarts. Sein gleichnamiger Sohn David (II.), seines Zeichens Maurer und Baumeister, ist vom Land (damals war Pfersee noch kein Vorort Augsburgs) in die Stadt gezogen. Er lebte von 1620 bis 1685; im Jahre 1669 baute er den Turm der Pfarrkirche in Dillingen, der Sommer-Residenz der Augsburger Bischöfe, aus. Von seinen vier Söhnen starb der älteste früh, Georg und Franz waren Maurer; der jüngste, Michael, wurde — als Pater David Mozart — Minorit (1655—1710). Den Beruf des Vaters setzte Johann Georg (1647—1719) in hervorragender Weise fort: er baute die Probstei St. Georg in Augsburg und war am Bau des Fuggerhauses beteiligt. Sein Ansehen in der Zunft scheint groß gewesen zu sein: er ist als «Vorgeher» (wie es so schön heißt; dieser Audruck bezieht sich auf die Funktion des Zunftmeisters, bei feierlichen Prozessionen an der Spitze seiner Gilde zu schreiten; erst später hieß es «Vorsteher») der Maurer bezeugt.

Das Geschlecht setzte sich in seinem Bruder Franz (1649—1694)

Mozart am Klavier. Unvollendetes Ölbild von Joseph Lange. Winter 1782/83

Mozarts Geburtshaus. Lithographie von C. Czichna nach J. A. Wenzl, 1837

fort, der gleichfalls Maurer war, aber als Baumeister nicht bezeugt ist; von seinen drei Söhnen wurde der älteste, Johann Georg Mozart (1679–1736), der Vater Leopolds. Dieser Johann Georg erlernte die Buchbinderei, ein Handwerk, das sich ebenso wie die Bautätigkeit der Vorfahren durch mehrere Generationen weiter vererbte und nicht nur beim Bruder Leopolds, dem Vater des berühmten «Bäsle», sondern auch bei weiteren Nachfahren der Familie — selbst bei einheiratenden Männern — bis gegen das Ende des 19. Jahrhunderts nachweisbar ist.

Leopold Mozart, der Vater Wolfgangs, wurde als ältester Sohn des Buchbinders Johann Georg Mozart aus dessen zweiter Ehe mit der Augsburger Webertochter Anna Maria Sulzer am 14. November 1719 an der Frauentorstraße Nr. 30 in Augsburg geboren. Er ist nicht nur die dominierende Hauptfigur im Leben Wolfgang Amadés, sondern zugleich einer der charaktervollsten, profiliertesten Männer überhaupt in der Reihe großer Väter und großer Söhne. Die Beziehung zwischen den beiden, die mit zärtlicher, ja abgöttischer Liebe des Sohnes begann (*nach dem lieben Gott kömmt gleich der Papa* war der Wahlspruch seiner Kindheit) und in einer durch lange Jahre sich hinziehenden Entfremdung endete, ist oftmals dargestellt und doch in ihrer vielschichtigen Kompliziertheit noch kaum ausgeschöpft worden.

In der Beurteilung Leopold Mozarts prallen die größten Gegensätze aufeinander. Die emphatische, ja, geradezu kritiklose Verherrlichung, die noch im 19. Jahrhundert üblich war, ist einer lieblosen und befremdenden Erniedrigung dieses Mannes gewichen. Um Leopold Mozart gerecht zu werden, muß man ihn vor dem Hintergrund seiner Zeit und in den Grenzen seines Naturells sehen. Legt man diese Maßstäbe, und nicht die alle Konventionen sprengenden Dimensionen seines Sohnes der Beurteilung zugrunde, dann ist dieser Mann großartig. Auch in ihm finden sich — wie in seinem Sohn — durchaus heterogene Merkmale vereint: beharrlicher Egoismus im Gewande der Biederkeit, Bigotterie, mit Zynismus gepaart, Fürstendienst nach außen und nur mühsam verborgene innere Auflehnung, vernünftelnder, manchmal ausgesprochen amusischer Rationalismus und echte Frömmigkeit. Es ist auch keine Frage, daß Leopold Mozart vieles für seine Kinder nicht aus reiner Liebe, sondern aus Ehrgeiz und Berechnung tat; dennoch bleibt die formende, bestimmende Kraft dieses Mannes bewundernswert. Leopold Mozart konnte den Charakter seines Sohnes — wie auch seinen eigenen — nicht von Grund auf verändern; aber er hat durch seine harte Hand den mit einem Zug ins Chaotische behafteten Sohn lange Jahre ordnend geführt und ihm insgesamt wohl viel mehr Gutes als Schlimmes angetan.

Man wird auch nicht erwarten können, daß dieser ewige Vizekapellmeister und Pädagoge, Impresario und Reisemarschall seiner Wunderkinder für seine Umgebung sehr bequem gewesen sei. Bei all seiner Diplomatie und Unterwürfigkeit blieb er ein knorriger, fast unwirscher Mann, der sich im Grunde, so wie sein Sohn auch, niemandem beugte. Hinter seiner mißtrauischen Abwehr und seiner vernünftelnden Gesetztheit verbarg sich aber eine Liebesfähigkeit, deren geheime Gluten jeder ergriffen spüren wird, der etwa den Briefwechsel zwischen Vater und Sohn während der großen Reise Wolfgangs (mit der Mutter allein) nach München-Mannheim-Paris (September 1777 bis Januar 1779) verfolgt.

Was Leopold Mozart von seinen schwäbisch-bayrischen Vorfahren als Erbgut mitbrachte, war dazu angetan, einen stattlichen Mann abzugeben. Seine robuste, rustikale Gesundheit paarte sich mit Willens-

Leopold Mozart. Bleistiftzeichnung von Franz Lactanz Graf Firmian, um 1762

kraft, Ausdauer und der Fähigkeit, ein erkanntes Ziel beharrlich
zu verfolgen. Sein schwäbischer Verstand war durchaus der Winkel-
züge fähig; nicht grob-betrügerischer, sondern bäurisch-kluger, ge-
witzter Pfade und Seitenpfade. Leopolds Methoden, sein Ziel zu verfolgen — und es, da es oft allzu viele Unbekannte in der Rechnung
gab, auch oft genug zu verfehlen —, wechseln zwischen höflichem,
sich nie etwas vergebendem Bedacht, gemessener Zurückhaltung,
schlauer Einfädelung und direktem, unbeirrbarem Vorgehen, das sich
nicht scheute, die Gradheit bis zum unabänderlichen, keinen Wider-

Titelblatt der «Violinschule» von Leopold Mozart, 1756

spruch duldenden väterlichen Machtwort zu steigern («Fort mit dir nach Paris! und das bald» befiehlt er am 12. Februar 1778).

Vergessen wir nicht die Zeit, in der sich die Beziehung zwischen diesem großen Vater und seinem noch größeren Sohn abspielte: die zweite Hälfte des 18. Jahrhunderts, jene Epoche des langsam zerbröckelnden Absolutismus, der auch auf den häuslichen Kreis abfärbte. Die patriarchalische Autorität des Familienoberhauptes bestimmte die Beziehungen der Generationen untereinander. Die Kinder redeten ihre Eltern noch mit «Sie» an, sie hatten widerspruchslos zu gehorchen, mochte es sich um Belanglosigkeiten des täglichen Lebens handeln oder um große Entscheidungen. Wolfgang Amadé hat, als die Gewitter der Französischen Revolution schon aufzogen und sich ein neues Bewußtsein der Freiheit, nicht nur zwischen den verschiedenen sozialen Ständen, sondern auch zwischen Eltern und Kindern anbahnte, seinen Vater noch flehentlich um die Erlaubnis zur Vermählung bitten müssen: freilich hat er, als dessen Konsens ausblieb (einen Tag zu spät traf er ein), selbstherrlich entschieden und damit einen der vielen kleinen oder großen Schritte getan, die ihn von seinem Vater entfernten. Und ein paar Jahre später komponierte der Sohn den bereits vom Geist der Französischen Revolution erfüllten Text Beaumarchais' «Le Mariage de Figaro», den er aber, bei aller Zeitträchtigkeit und lebensnahen Dramatik seiner Oper, des gefährlichen Zündstoffes beraubt, aus der Sphäre der Politik in die zeitenlose Welt seiner Kunst erhob.

Leopold Mozarts Charakter hat aber noch andere bemerkenswerte Züge. Es sind dies die Stete und Zuverlässigkeit seiner Gesinnung, ferner die wache Klarheit seines Verstandes, die ihm — bei seiner fortgesetzten geistigen Bemühung — zu einer ausgesuchten und selbst für die damalige Zeit ungewöhnlichen Bildung verhalf. Wer seine im Jahre 1756 — im Geburtsjahr Wolfgangs — bei Johann Jakob Lotter in Augsburg in der 1. Auflage erschienene Violinschule studiert, wird sich überzeugen können, daß Leopold Mozart als einer der gelehrtesten Männer seiner Zeit zu gelten hat. Man wird zwar von dieser Violinschule nicht mehr sagen können, daß sie für unseren heutigen Unterricht noch geeignet sei; aber daß es bis heute keine gelehrtere gibt, wird kein Kenner bestreiten.

Der Verstand, den Leopold Mozart so brillant geschult hatte, half ihm auch sein Temperament mäßigen. Wie explosiv sein Naturell an sich war, lehrt mancher nebensächlich erscheinende Passus seiner Briefe. Schließlich aber gesellte sich zu seinem Verstand und seinem hohen sittlichen Bewußtsein noch das ästhetische Formgefühl des Künstlers. Der Zeitgeschmack freilich und die Grenze der Begabung hemmten bei Leopold Mozart jeden kühnen Höhenflug schöpferischer Gedanken und verliehen seinen Werken einen etwas trockenen, bürgerlich vernünftigen, wenn nicht gar mitunter leicht beschränkt erscheinenden Anstrich.

Alles in allem aber: das Porträt eines Mannes, dem man auch im Negativen eine gewisse großartige Konsequenz nicht absprechen kann.

Was an Wolfgang anders, weicher, gelöster, unmittelbarer erscheint, ist im wesentlichen die Mitgift seiner Mutter. Mit dem bäurisch gesunden, weltmännisch gebildeten und doch leicht pedantischen Schwaben verband sich eine aus dem Salzkammergut stammende Frau, die als Anna Maria Pertl am 25. Dezember 1720 in St. Gilgen am Wolfgangsee geboren wurde. Sie war eine fröhliche und unkomplizierte Frau, mit einem warmen und rechtschaffenen Herzen. Was bei dem Vater Mozart erarbeitet, angespannt, gesetzt war: das war bei ihr spontan, behend, rund. Mitunter vielleicht ein wenig vulgär (in der Familie Mozart wurde, bei aller strengen Zucht, oft recht derb geredet), war sie der muntere, natürlich sprudelnde Ausgleich zu dem etwas strengen und mitunter steifen Vater. Heiterkeit, Herzhaftigkeit und Herzensgüte waren ihre hervorstechenden Eigen-

Anna Maria Mozart, geb. Pertl. Ölbild, um 1775

schaften, die sie in allen Lebensumständen (von sieben Kindern blieben ihr nur zwei, und in dem Haushalt gab es, auch wenn ihre Ehe sehr glücklich war, manche schwere Stunde) tapfer bewahrte. Wie bei seinem Namensvetter Johann Wolfgang Goethe waren auch bei Mozart die elterlichen Anlagen glücklich aufeinander abgestimmt: vom Vater hat Wolfgang Amadé die Helle und Wachheit seines überschnell reagierenden Verstandes, von der Mutter die Frohnatur, die sich, weit mehr als bei Goethe, in Schabernack, Hanswursterei und

13

Schützenbildchen aus dem Besitz Leopold Mozarts

ausgelassenem Komödiantentum äußern, wenn nicht sogar verlieren konnte.

Der Unterschied zwischen Vater und Sohn zeigt sich vor allem in der verschiedenen Art ihres Humors; derjenige des Sohnes wurde von Vater u n d Mutter bestimmt. Der Humor der Mutter war herzhaft und drall; er bestand in der sinnlichen Freude des Volkes, das sich an Umtrieb, an der «Gaudi», wie man in Bayern sagt, ergötzt. Es war bei ihr die unbefangene Fröhlichkeit, die alles lustig findet und immer lachen kann; vielleicht auch noch der etwas leiser lächelnde Schalk, der sich mehr diebisch, verstohlen freut. Für diese harmlose Art des Humors war die Mutter Mozart stets zu haben; der Grundzug ihres Wesens war auf Lustigkeit und Lachen eingestellt.

Ihr Sohn hat diese Anlage zu Fröhlichkeit und Witz von ihr geerbt, sie aber mit seinen Geistesgaben derart virtuos gesteigert, daß man sie als die Art der Mutter kaum mehr erkennen kann: bei ihm finden sich Kaskaden von Wortverdrehungen, scheinbar blöder, an der Grenze von Sinn und Unsinn spielender Manipulationen. Auch seine derbsten Anspielungen erheben sich plötzlich, durch die Akrobatik seiner Verdrehungskunst, weit über das Niveau der Lustigkeit oder des platten Witzes.

Aus dem reichen Schatz seiner Wortakrobatik mögen einige Beispiele folgen. Als Aufzählung sinngleicher oder ähnlicher Verben (an das Bäsle am 5. November 1777): *Sie schreiben noch ferneres, ja Sie lassen sich heraus, Sie geben sich bloß, Sie lassen sich verlauten,*

Sie machen mir zu wissen, Sie erklären sich, Sie geben deutlich an Tage, Sie verlangen, Sie begehren, Sie wünschen, Sie wollen, Sie mögen, Sie befehlen, Sie deuten mir an, Sie benachrichtigen mir, Sie machen mir kund, daß ich Ihnen auch mein Portrait schicken soll.

Dann, als ellenlanger Fluch und endlose Aufzählung bunt durcheinandergewürfelter Begriffe (an das Bäsle am 13. November 1777): *Potz Himmel tausend Sakristey, Croaten schwere Not, Teufel, Hexen, Truden, Kreuz-Battalion und kein End, Potz Element, Luft, Wasser, Erde und Feuer, Europa, Asia, Africa und America, Jesuiter, Augustiner, Kartheuser, und Hl. Kreuz-Herrn, Canonici regulares und irregulares, und Bärenhäuter, Spitzbuben, Hundsfötter, Cujonen und Schwänz übereinander, Esel, Büffel, Ochsen, Narren, Dalken und Füchse! Was ist das für eine Manier, 4 Soldaten und 3 Bandalier? So ein Paquet und kein Portrait?*

Als Spiel mit dem verschiedenen, eigentlich benachbarten Sinn eines Wortes (das «Daneben-Denken», wie es in unseren Tagen Karl Valentin so virtuos gehandhabt hat), in einem Brief an den Vater vom 22. November 1777: *Das erste ist, daß ich Ihnen benachrichtige, daß mein wahrheitsvoller Brief an Herrn Herzog in Augsburg Puncto Schmalzii sehr guten Effekt gemacht hat. Er hat mir einen sehr höflichen Brief zurück geschrieben, und seinen Verdruß darüber bezeugt, daß ich von detto Herrn Butter so spröde bin empfangen worden. Er hat mir neuerdings einen versiegelten Brief an detto Herrn Milch geschickt, nebst einer Anweisung auf 150 Gulden an Detto Herrn Käß.*

Sie müssen wissen, daß ich, obwohl ich den Herrn Herzog ein einziges Mal gesprochen, doch nicht habe unterlassen können, ihn im Brief zu bitten, er möchte mir doch eine Anweisung an Herrn Schmalz, oder Butter, Milch, Käse, oder an wen er nur wolle, schicken. A ça, dieser Spaß hatte doch geraten.

Als Spiel mit den Tempora (28. Februar 1778): Adieu Bäßle. Ich bin, ich war, ich wäre, ich bin gewesen, ich war gewesen, ich wäre gewesen, o wenn ich wäre, daß ich wäre, wollte Gott ich wäre; ich würde sein, ich werde sein, wenn ich sein würde, o daß ich sein würde, ich würde gewesen, ich wäre gewesen sein, o wenn ich gewesen wäre, o daß ich gewesen wäre, wollte Gott ich wäre gewesen, was? — ein Stockfisch. Adieu ma chère Cousine, wohin? Ich bin der nämliche Vetter

Wolfgang Amadé Mozart

Der Geist, der auch in der Zote und im erotischen Geplänkel den Humor Wolfgangs adelt, kommt vom Vater. Der hatte nicht so sehr den wortfreudigen und polternden, sondern den mehr wortkargen und bedächtigen, aber den Nagel haarscharf auf den Kopf treffenden Humor des Schwaben, der sich gelegentlich — wenn auch nicht oft — selbst zu verspotten imstande war. Wolfgang überbot in der zwingenden Kürze und Schnelligkeit seines witzigen Reaktionsvermögens den Vater ebensosehr, wie die Mutter in ihrer mehr kapriolenden Lustigkeit. Seine Register waren schier unerschöpflich. Überwältigend muß es gewesen sein, wenn kongeniale Spötter oder eine ihm behagende Gesellschaft ihn zu regelrechten Vorstellungen verleiteten, in denen er mit den Bällen der Sprache, der Musik, der Mimik und der Gestik wie ein Zauberer jonglierte und sich in wahre Ekstasen witziger Komödiantenkunst steigerte. Aber alle diese champagnerhaft verspritzten Éclats seines Witzes sind für sein bleibendes Bild nicht so wichtig, weil sie dem Augenblick ganz verhaftet und der Gefahr der Verzerrung ausgesetzt waren. Wesentlicher ist der andere Pol, sein metaphysischer Ernst, der in ganz anderen Bezirken beheimatet war als die bürgerlich-trockene Seriosität des Vaters.

Leopold Mozart, der Vater, war auf Umwegen und doch mit zwingender Notwendigkeit an die Musik geraten. Schon in seiner Augsburger Gymnasialzeit genoß er den Ruf eines ausgezeichneten Geigers; er wirkte bereits als Gymnasiast am Augsburger Collegium musicum, an dem später viele seiner Kompositionen aufgeführt wurden, regelmäßig mit, ferner sang und spielte er im Chor des Jesuitengymnasiums, und schließlich bot ihm die in der damaligen Zeit sehr beliebte und einflußreiche Institution der «Marianischen Congregation» reichlich Gelegenheit zu öffentlichem Auftreten.

Gleichzeitig war er einer der hoffnungsvollsten Schüler des Jesuiten-Gymnasiums St. Salvator, und seine Lehrer erwarteten, daß er sich dem Studium der Theologie zuwende. Dies tat Leopold Mozart freilich nicht, und der Tod seines Vaters (1736) mag dazu beigetragen

Leopold Mozart. Ölbild, um 1765

haben, daß er sich in der Berufswahl frei fühlte. Wenn Leopold Mozart in späteren Jahren noch schmunzelnd von dem Schnippchen sprach, das er den Pfaffen geschlagen habe, so ist damit wohl der Zeitpunkt seiner Absage gemeint: er wählte genau den Moment, der für einen anderen, nicht der Theologie gewidmeten Studiengang keine Einbuße bedeutete, aber für seine Erzieher, die sich seiner offenbar schon sicher wähnten, eine ernste Enttäuschung bedeutet haben muß.

Es ist heute schwer zu entscheiden, ob es Leopold Mozart mit seinem Hochschulstudium jemals ganz ernst war. Am 26. November 1737 immatrikulierte er sich an der Benediktiner-Universität zu Salzburg, um Philosophie und Jurisprudenz zu studieren. Im ersten Stu-

Salzburg. Stich von Johann Ulrich Kraus nach J. H. Perrety

dienjahr war er auch noch sehr fleißig: am 22. Juli 1738 bestand er das Rigorosum aus dem Fach der Logik als Baccalaureus der Philosophie mit Auszeichnung. Dann allerdings scheint sein Eifer schnell nachgelassen zu haben; seine Säumigkeit führte zum Ausschluß vom Studium durch den Rektor im Herbst 1739.

Daß ein Mann von der Zielstrebigkeit, dem Verstand und dem stark ausgeprägten Ehrgeiz eines Leopold Mozart es soweit kommen ließ, beweist, daß er für die mit dem Studium zu erreichenden Berufe nicht geschaffen war. Für seine Bildung und Wissenschaft hatte Leopold Mozart das Gymnasium und die Hochschule genutzt, als Beruf wählte er aber die Musik. Im Jahr 1740 trat er in die Dienste des Grafen von Thurn und Valsassina, eines musikliebenden Domherrn in Salzburg. Dort war er zwar nur ein Kammerdiener, aber sein vorzüglicher Aufgabenbereich und Dienst war die Musik, der er sich nun ex officio widmen konnte. Noch im gleichen Jahr 1740 erschienen Leopold Mozarts erste Kompositionen: sechs seinem Brotherrn gewidmete, wahrscheinlich durch frühere Aufzeichnungen bereits vorbereitete Triosonaten.

lung des Sohnes überwachte und ausschließlich dem einen Ziele und Berufe lebte: Mit seinem Wissen und Können, seiner Lenkung und Umsicht, wenn auch mit etwas selbstsüchtig gefärbten Vorstellungen, zu diesem Reifungsprozeß beizutragen. Es ist dies eine für das 18. Jahrhundert nicht nur ungewohnte, sondern geradezu gigantische Aufgabe. Wie sie Leopold Mozart — auf seine eigene Weise — meisterte, ist ebenso bemerkenswert wie die außergewöhnliche Wahrnehmung der Aufgabe als solcher.

An diesem Verdienst Leopold Mozarts ändert auch der Umstand nichts, daß er die eigentliche schöpferische Fähigkeit seines Sohnes geraume Zeit verkannt und die Ausbildung wie auch das öffentliche Auftreten viele Jahre auf bloße musikalische Domptur, die übrigens recht einträglich war, abgestellt hat. Leopold Mozart hat auch später das ungewöhnliche Ingenium seines Sohnes nur zögernd begriffen und seine musikalische Produktion nach der Forderung des Gefälligen, leicht Eingängigen ausrichten wollen. Daß er damit gescheitert ist, darf als ein Verdienst des Sohnes und seines kompromißlosen und reinen Dienstes an der Kunst gewertet werden, den Wolfgang freilich, darin hatte der Vater recht, mit Brotlosigkeit und Vergessenwerden noch zu Lebzeiten bezahlte. Nicht nur Leopold Mozart hat lange gebraucht, die Größe des Genius in seinem Sohn zu erkennen; von wenigen Ausnahmen abgesehen, haben ihn auch seine Zeitgenossen nach anfänglichen Erfolgen verstoßen, übergangen und vergessen, als er eigene, ungewohnte und beschwerliche Wege ging. Und gerade in Wien hat man von jeher eher dem Leichten und Gefälligen als dem Anspruchsvollen, dabei aber Unprätentiösen, gehuldigt und die Ehre des Tages erwiesen. Mozart hat sich in Wien gegen mittlere oder kleine Geister wie Salieri, Righini, Dittersdorf, Kozeluch und viele andere nicht behaupten können; nie wieder hat die Mediokrität

Maria Anna (genannt Nannerl) Mozart als Kind.
Ölbild von Pietro Antonio Lorenzoni, 1763

das Genie müheloser, um nicht zu sagen schamloser verdrängt. Wolfgang Amadé Mozart ist, musikalisch gesprochen, noch zu seinen Lebzeiten von den Wienern begraben worden. Gemessen an diesem To-
desurteil, von Leichtfertigkeit, Bequemlichkeit und musikalischem Un-
verstand gefällt, ist die Einschätzung Mozarts durch seinen eigenen
Vater geradezu weitsichtig zu nennen: dies festzustellen sind wir
seiner Ehre und seinem Rang schuldig. Gewiß, Leopold Mozart hat

bei seiner lebenslänglichen Bemühung um seinen Sohn manches anders, geringer gemeint, als diesem zugekommen wäre, und dennoch das Höchste erreicht. An der Aufgabe ist auch er mehr und mehr gewachsen. Und als er starb, war ihm die wahre Größe seines Sohnes annähernd bewußt.

Leopold Mozart hat zudem der Erziehung seiner Kinder seine eigene schöpferische Tätigkeit und eigentlich seine ganze musikalische Laufbahn geopfert. Gewiß, er mag bald erkannt haben, daß die Begabung seines Sohnes von anderem Rang war; aber man vergesse nicht, wie beliebt seine Kompositionen waren, in denen er den «populären» Geschmack, dem nachzueifern er seinem Sohn vergeblich ans Herz legte, hervorragend traf. Die ausschließliche Beschäftigung mit dem Sohn ließ nicht nur seine schöpferische Tätigkeit versiegen, sondern brachte ihn auch in Konflikt mit anderen wichtigen Berufspflichten. Er wird zwar seinen Dienst nicht gröblich verletzt haben, aber die Erziehung des Sohnes hielt ihn von manchen Funktionen ab; seine Obligationen bei der Hofkapelle schränkte er auf das Notwendigste ein. Immer wieder kam er um Urlaub ein und war auf viele Monate, ja, auf Jahre, vom Hofe abwesend. Er, der Hofkomponist, legte dem kleinen Hoforchester bald keine eigenen Kompositionen mehr auf die Pulte, und die Chorknaben, die er im Geigenspiel zu unterrichten hatte, waren während seiner Reisen ohne Unterweisung und in Gefahr, musikalisch zu verwildern. So ist es gut zu verstehen, daß die fürstlichen Herren Leopold Mozart, seinem Talent und Können zum Hohn, in der Stelle des Vizekapellmeisters gleichsam festfrieren ließen.

Bis zum einundzwanzigsten Lebensjahr Wolfgangs waren Vater und Sohn Mozart in der engsten Lebensgemeinschaft miteinander verbunden: in dieser ganzen Zeit sind sie, soweit wir es übersehen können, höchstens für Tage oder Wochen, und dies nur bei Krankheiten, getrennt gewesen. Man könnte diesen ersten Lebensabschnitt, bis zur großen Reise Wolfgangs mit der Mutter (von Ende 1777 bis Anfang 1779) als den äußerlich und innerlich ganz vom Vater bestimmten bezeichnen. Im zweiten, in dem er sich räumlich (und auch innerlich) von ihm entfernte, blieb der Einfluß des Vaters noch bedeutend genug. Und die wenigen Jahre endlich, die Wolfgang nach dem Tod seines Vaters (1787) noch beschieden waren, standen bereits im Zeichen zunehmender materieller Schwierigkeiten und eines bald einsetzenden körperlichen Siechtums. Es ist anzunehmen, daß Wolfgang der Tatsache, von einem bedeutenden Vater nicht mehr abhängig zu sein, nie in ihrem vollen Umfang bewußt wurde. Bei aller Fähigkeit, vom Vater unabhängig zu handeln (was er schon in der Jugend bewies), ist seine innere Ausgerichtetheit auf den Vater ein immanentes Gesetz seines Lebens und Denkens geworden. Im Leben kaum eines anderen großen Mannes war der Vater so mächtig und allgegenwärtig. Und das erstaunlichste dabei ist, daß dieser Vater dennoch nie übermächtig wurde, sondern daß der Sohn mit diesem

«Über-Ich» (wie die Psychoanalyse sagt) fertig wurde: auf eine sehr gesund zu nennende Weise sogar. Es ist bemerkenswert, daß Mozart absolut nicht «neurotisch» war: trotz dieser starken Vaterbindung, seiner künstlerischen Feinnervigkeit und seiner langen Krankheit. Dies ist eine der vielen Unbegreiflichkeiten in dem alle Gegensätze in sich vereinigenden Phänomen Wolfgang Amadé Mozart.

Nicht ganz die Hälfte seines Lebens, insgesamt rund 16 Jahre, verbrachte er in seiner Geburtsstadt Salzburg, auf die er später so schlecht zu sprechen war. Die ersten Jahre waren wohl nicht anders als bei allen Kindern, die in ein harmonisches häusliches Milieu eingebettet sind: der Knabe gedieh. Als sich, bei der Klavier-Unterweisung der um fünf Jahre älteren Schwester Marianne, genannt «Nannerl», die musikalische Begabung des erst dreijährigen Bruders zeigte, setzte für ihn bald der Ernst des Lebens ein; vom vierten bis sechsten Jahr bereits ging er in die strenge Schule des Vaters. Und nicht genug damit: mit der Vollendung des sechsten Lebensjahres begann für das Kind die Unrast des Reisens und Konzertierens. Mit der frühen Überantwortung des Knaben an die Welt der Erwachsenen ist ihm freilich eine Erweiterung des Gesichtskreises und ein Feld des Lernens erschlossen worden, ohne die Mozart nicht das geworden wäre, was er zu werden berufen war. Als erstes ging es, als Generalprobe sozusagen, im Januar 1762, an den Hof des bayrischen Kurfürsten nach München; dann an den Kaiserlichen Hof nach Wien (19. September 1762 bis Anfang Januar 1763). Die Erfolge bei der Kaiserin Maria Theresia ermutigten Leopold Mozart zu einer dreieinhalb Jahre dauernden Konzertreise an die Höfe von München, Mannheim, Paris, London, Den Haag, nochmals Paris, zurück über Zürich, Donaueschingen, München. Nach acht Monaten Rast in Salzburg ging es erneut nach Wien (September 1767); die Pocken und die Intrigen gegen die Aufführung der Oper *La finta semplice* zögerten den Aufenthalt in Wien, dem zuletzt noch ein Abstecher nach Preßburg folgte, bis Dezember 1768 hin. Dann, nach einjährigem Aufenthalt in Salzburg, folgten die drei italienischen Reisen, die der Vater mit dem Sohn allein (ohne die Frau und ohne die Tochter) unternahm: vom Dezember 1769 bis Ende März 1771, vom 13. August bis 15. Dezember 1771 und vom 24. Oktober 1772 bis zum 13. März 1773. Damit schlossen sich auch die Tore hinter dem musikalischen Wunderland Italien, das Mozart zwar viele Erfolge und reiche Belehrung, aber keine Anstellung gebracht hatte, für immer. Der Anlaß für die nächste Reise nach Wien, die Vater und Sohn vom 14. Juli bis 26. September 1773 unternahmen, ist unbekannt. Nach München führte beide, vom 8. Dezember 1774 bis 7. März 1775, Wolfgangs Kompositionsauftrag für die Oper *La finta giardiniera*. Mit dieser Reise schließt der erste Lebensabschnitt Mozarts, den wir durch die Allgegenwart des Vaters bestimmt nannten, ab.

Mozarts äußere Emanzipation vom Vater begann mit der großen Reise nach München, Mannheim und Paris vom 23. September 1777

Brief Mozarts an den Abbé Bullinger, Paris, 3. Juli 1778.
Er enthält die Nachricht vom Tod der Mutter

bis zum 15. (16.?) Januar 1779. Der Vizekapellmeister Leopold Mozart hatte vom Erzbischof Colloredo keinen Urlaub erhalten; der Sohn hatte, um Salzburg verlassen zu können, seine Stelle als Violinist und Konzertmeister gekündigt. Allein mit der Mutter begab er sich auf diese Reise, die ihm seine erste große Liebe, den Tod der Mutter (sie starb, wahrscheinlich am Typhus, am 3. Juli 1778 in Paris) und den Verlust der Geliebten (München, Dezember 1778) brachte. Kein Wunder, daß ihm Salzburg nun gar nicht mehr gefallen wollte, wohin ihn der Vater so geschickt zurückgeholt hatte, ihm den zusätzlichen Posten des Hoforganisten sichernd. Trotz aller Bemühungen des Vaters kam er sich, mit dem Geschmack der großen Welt und seiner verlorenen Freiheit noch auf der Zunge, in Salzburg

Paris: Kirchhof der Église des Innocents:
Lithographie von Bayalas nach F. Hoffbauer

beengt vor; das Haus am Hannibalplatz war durch die fehlende Mutter freudloser, bedrückender geworden.

Als eine wahre Erlösung betrachtete er daher den Auftrag, der ihm vom bayrischen Kurfürsten zukam, die Karnevalsoper für das Jahr 1781 zu schreiben. Frohlockend zog er im Oktober 1780 zur Komposition des *Idomeneo* nach München, wo er bis März 1781 weilte. Die letzten Wochen in München, nach der erfolgreichen Uraufführung, verbrachte er mit Vater und Nannerl in ausgelassenem Faschingstreiben. In dieser entspannten, fröhlichen Zeit kamen die beiden Männer einander wie Freunde nahe. Es ist die Kulmination in der Beziehung zwischen Vater und Sohn, die in Dokumenten nicht bezeugt ist. Als Reflex, als Beteuerung und Andenken zugleich müssen wir die Anrede werten, mit der Wolfgang Amadé seinen ersten Brief aus Wien an den Vater beginnt, als ihn die Order seines Brotherrn der Karnevalsseligkeit in München jäh entführt hatte: *Mon très cher ami* überschreibt er am 17. März 1781 den Brief an den Vater, und nie kehrt diese zärtliche, warme, die schuldige Unterwürfigkeit des Sohnes außer acht lassende Vertraulichkeit in seiner Korrespondenz mit dem Vater wieder.

Was in Wien auf ihn wartete, drängt sich auf die kurze Spanne von zehneinhalb Jahren, den dritten und letzten Abschnitt seines Lebens, zusammen. Gleich der Auftritt war turbulent, er führte zum Bruch mit dem Salzburger Erzbischof und zu der ersten irreparablen Entfremdung zwischen ihm und dem Vater. Nicht minder aufregend war das Abenteuer mit Constanze Weber, der geringer begabten Schwester Aloysias; in dieses Netz lockte ihn die kupplerische Mutter Weber mit großem Geschick, wobei der Vater Mozart durch Vorwürfe und mancherlei Widerstände gegen seinen Willen mithalf, den Sohn in die Ehe zu treiben. Die Heirat führte beinahe zum Bruch mit dem Vater.

Nach kurzen Jahren des Erfolges und des relativen Wohlstandes (den der Vater bei seinem letzten Besuch in Wien, im Sommer 1786, noch erleben durfte) begannen die wirtschaftlichen Schwierigkeiten und der Kampf um das Nötigste. Mozarts künstlerische Erfolge ließen nach, da er die Forderung des «popularen» allzusehr versäumte, und in seiner Musik alle Gefälligkeit und alles Streben nach Erfolg abstreifte. Seine entrückte Tonsprache mit ihrer resignierten, jenseitigen, auf äußerste Sparsamkeit der Mittel bedachten Diktion schokkierte sein Publikum. Mozarts letzte Wiener Jahre waren voller Unrast: häufige Wohnungswechsel, vergebliche Konzertreisen, unablässige Bettelgänge, Siechtum und Verzweiflung füllten seine Tage. Seinen schnellen Abstieg, an dessen Ende ihn das Armengrab erwartete, brauchte der Vater nicht mehr zu erleben. Mit dem Erfolg des *Figaro* in Herz und Ohr starb er am 28. Mai 1787. Nur um viereinhalb Jahre überlebte ihn sein großer Sohn, der ihm am 5. Dezember 1791, nicht nur von seinem Konzertpublikum, sondern auch von seinen nächsten Freunden und Angehörigen verlassen, in den Tod folgte.

WESEN UND CHARAKTER

Mozart war ein Mensch der größten, scheinbar unversöhnlichen Gegensätze. Seine Extreme sind geradezu beängstigend, aber sie wurden doch von einer unbewußt-sicheren Mitte zusammengehalten. Er ist weder ein niedliches Wunderkind des Rokoko, noch ein braver Biedermann oder gar ein leichtfertiger Draufgänger, wie ihn noch das 19. Jahrhundert abwechselnd sich vorstellte. Erst allmählich beginnt unsere Zeit zu ahnen, welche dämonischen Kräfte in diesem scheinbar unkomplizierten Mann schlummerten. Man kann nicht einmal sagen, daß die verschiedenen Kräfte miteinander rangen: denn es spielte sich alles unter einer ruhigen Oberfläche ab, so daß er oftmals für harmlos oder gar für ein ewiges Kind gehalten wurde. Elementar-Anstößiges, wie seine Bäsle-Briefe, wurde verschwiegen oder verharmlost; andererseits wurde ebenso seine Unbändigkeit des Lebenwollens mit einer ihm fernliegenden Lust zur Ausschweifung verwechselt.

Mozart verkörperte eine Kraft von starker Ausstrahlung und, trotz seiner Lust zum Derben und Zotenhaften, von großer Sauber-

keit. Er hielt sich dadurch rein, daß er seine sehr starke Sinnlichkeit lebte oder sie geistig abreagierte: sie flüchtete sich nicht, durch den Zwang der Verdrängung, in die geheimen Schlupfwinkel des Unbewußten. Auch das uns obszön Erscheinende erlebte er unbefangen, und so vergiftete es seinen Geist nicht. Er wies ihm keinen wichtigeren Platz an als irgendeiner anderen Äußerung seines sehr vielschichtigen Wesens; vor allem lebte er ganz dem Augenblick. Er hat nie daran gedacht, daß — außer seiner Musik — viele seiner Briefe der Nachwelt überliefert würden: er liebäugelte nie mit einem späteren literarischen Publikum. Er betrachtete sich selber nie als berühmten Mann, er lebte ohne jedes Schielen auf Nachruhm. Vieles, was beim Spießer oder auch bei bedeutenden Männern den Rang der Wichtigkeit hat, war für ihn belanglos. Er war kein Asket, kein Philister und kein Pharisäer, aber auch kein Zwangsneurotiker. Alles in ihm hatte einen natürlichen, mitreißenden Duktus: Mozart war weder haushälterisch noch bedächtig. Und so ging von dieser Spontaneität des Lebens, die der Vater mit Sorge verfolgte, ein Elan aus, eine Quecksilbrigkeit, eine Unmittelbarkeit, die man sich bei kaum einem anderen unserer Großen denken kann. Seine Art, zu leben und sich zu geben, war eine Fülle von Impulsen und Aktionen, vollzogen unter der Spannung einer hohen sittlichen Verantwortung und einer gewaltigen, geradezu unbegreiflichen Arbeitskraft. Der letzteren stand freilich a priori ein nicht geringerer Hang zur Trägheit im Wege. Die Beziehung zwischen physischem Phlegma und vehementem schöpferischem Impuls wurde auf sehr einfache Weise geregelt: durch die Notwendigkeit, Geld zu verdienen, d. h. durch die musikalischen Aufträge. Mozarts Genius wartete wie kaum ein anderer auf den Anstoß von außen, auf die offizielle Verpflichtung, die «scrittura» (den Vertrag), ohne die der Künstler des 18. Jahrhunderts undenkbar ist. In diesem Licht gesehen wurde Mozart auch nie ein «Freischaffender»: seine schöpferische Inspiration brauchte geradezu die äußere Bedrängnis, damit die geistige Arbeit anlaufe. Wenn dann der Funke, durch fremde Hilfe, gezündet hatte, arbeitete freilich sein Geist so schnell, so zielsicher, daß es scheinen konnte, das in der Niederschrift Begriffene habe längst in ihm bis ins letzte Detail fertig bereitgelegen. Das mag für manches wörtlich zutreffen, was ohne diesen Auftrag nicht ans Tageslicht gekommen wäre; ebensooft aber brachte ihn ein solcher Auftrag — bei seiner Säumigkeit — in Zeitnot und Beklemmung.

Der Gegensatz zwischen natürlichem Hang zur Trägheit und äußerster Lebhaftigkeit des Geistes ist einer der vielen polaren Charakterzüge Mozarts. Das Ausweichen vor einer Arbeit, die fehlende Zeiteinteilung, das Nicht-fertig-werden gehören ebenso zu Mozart wie die schnelle Affinität, die sein überaus beweglicher und Entsprechungen untrüglich witternder Verstand gegenüber allem Spirituellen hatte. So mag man begreifen, wie sehr dieser energiegeladene,

Mozart als Knabe. Ölbild von Pietro Antonio Lorenzoni, 1763

agile Mann die Geselligkeit suchte, wie sehr er die Menschen, ihre Nähe, ihr Gespräch, ihre Liebe brauchte, wenn er auch, was die letzten Bezirke seines Geistes und seines Schöpfertums angeht, ein nicht minder — nur auf andere Weise — Einsamer war als etwa Beethoven.

Auch dieses Paradox ist kaum bekannt: sein frenetisches Verlangen nach Menschen und seine letzte Einsamkeit. Man könnte fast sagen, all sein Verlangen nach lärmender Geselligkeit war die Fassade seiner schöpferischen Stille. Je mehr er um die Gestaltung eines Einfalls rang, desto mehr stürzte er sich in geselligen Trubel. Er brauchte die Menschen oftmals nur in einer vordergründigen Weise: als Staffage, wenn man so will, für seine in ihm rumorenden schöpferischen Kräfte. Der gewöhnliche Mensch sondert sich zur Arbeit von der lauten Welt ab, er sucht die Stille, um zur Sammlung zu gelangen: Mozarts schöpferische Potenz aber übertäubte den Lärm, während sie von der Stille erdrückt worden wäre. Welch ein Phänomen wird hier erkennbar! Unbegreiflich ist es, wie die Kapazität dieser Schaffenskraft.

Der schöpferische Bereich, den er wie eine Insel hütete und in den weder der Vater noch Constanze vordrangen, bestimmte auch sein Verhältnis zu den Menschen. In seinem Bewußtsein waren die sinnlichen Bedürfnisse, die ihn an die Menschen banden, stärker gegenwärtig als die geistig-seelischen. Viele Menschen, nicht zuletzt seine Kinder, blieben ihm bei aller Herzlichkeit des Umgangs und aller scheinbaren Bindung außerordentlich fern.

Und dennoch: Mozart war ungemein kontaktfreudig. Was ihn den Menschen annäherte, das war keine bloße Betriebsamkeit und keine äußere Farce. Mozart brachte immer den höchsten Einsatz mit. Er war nicht nur schnell in Gesten und in der Diktion, sondern dieser Schnelligkeit der äußeren Annäherung entsprach die höchste innere Bereitschaft. Was ihm vollständig abging, das war die Indifferenz, die Unentschiedenheit zwischen Warm und Kalt, die Sparsamkeit der Gefühle und die Lauheit des Herzens.

Er kannte nur die Vorzeichen der Anziehung, der Neigung, der Liebe, und andererseits: die affektbetonte Ablehnung. Indifferent war er nur, wenn er diesen positiv oder negativ geladenen Affekt verbraucht und in langer Enttäuschung schließlich von einem Menschen abgezogen hatte: wie etwa im Fall des Klarinettisten Anton Stadler, dieses Urmusikanten und Gauners, der Mozart die schönsten Kompositionen für sein Instrument und manches materielle Gut entlockt hat. Mozart hatte für Stadlers Streiche, wie zum Beispiel den Verkauf des Versatzzettels für Mozarts Tafelsilber, nur eine abtuende Handbewegung übrig. Nun, die äußeren Dinge zählten bei ihm nicht. So sehr er ein Leben lang vergeblich einer hinreichenden materiellen Sicherung nachjagte, so wenig ließ er durch materielle Gewinne oder Verluste seine Urteile oder Affekte bestimmen.

Vater Leopold mit den Kindern. Kupferstich von
Jean Baptist Delafosse (1764) nach Carmontelle

Mozart in Verona. Ölbild von Saverio dalla Rosa, Januar 1770

Schon dieser Hinweis zeigt eine weitere Grundeinstellung Mozarts, die für ihn selber wie auch für seine Beziehung zu den Menschen bestimmend war, nämlich seine Großzügigkeit. Seine Fähigkeit, kongenial alles Menschliche (und alles Spirituelle) in sich aufzunehmen, verliehen ihm einen weiten Horizont seiner geistigen Sicht. Dadurch vermochte er heterogen erscheinende Affinitäten oder Standpunkte zu vereinen, die aber in seinem Wesen harmonisch untereinander verbunden waren. So blieb er bis zuletzt — trotz all der Kritik, die er, wie auch sein Vater, an der Institution der Kirche übte — ein gläubiger Katholik; was ihn aber nicht hinderte, ein enthusiastischer, an eine Provinz der Humanität glaubender Freimaurer zu sein. Auch in anderen Bezirken des Geistes berührten sich bei Mozart gegensätzliche Auffassungen: ein realistischer, leicht vernünftelnder und aufklärerischer Zug mit der absoluten Großzügigkeit des Denkens und Urteilens; unseriöses, lärmendes Gebaren mit hohem Ernst, ja, Tendenz zu depressiver Verstimmung; die Festigkeit der Grundsätze, die sein eigenes Handeln betrafen, mit äußerster Toleranz den Mitmenschen gegenüber.

Seine Großzügigkeit in materiellen Dingen ist fast Leichtsinn, wenn nicht gar Verschwendungssucht zu nennen; doch darf nicht vergessen werden, daß seine in allen anderen Belangen so strenge Erziehung hier offenbar versagte.

Wolfgang, ausschließlich vom Vater erzogen und auf seinen Reisen von ihm behütet, zu Hause umsorgt von beiden Eltern, hatte nie den geringsten Konnex zu den Dingen des Haushalts. Kleidung, Wäsche, Unterkunft und Nahrung wurden ihm dargeboten; mit Geld kam er so gut wie gar nicht in Berührung. Seine Aufgabe war es, zu lernen, zu spielen und zu komponieren; er wuchs, in körperlicher Hinsicht ausreichend versorgt, gleichsam jenseits der materiellen Welt eines Haushalts auf. Wie sollte er, als er im Jahre 1777, den Vater vertretend, zum erstenmal auch finanziell verantwortlich reiste, nun plötzlich mit Geld umgehen können? Es blieb ihm zeitlebens eine fremde Welt, wie jegliches Planen und Einteilen. Den Eltern kann man keinen Vorwurf machen; sollten sie ihm die Ausbildung in den Dingen der Hauswirtschaft auch noch auferlegen? Man kann sich vorstellen, wie sehr Leopold Mozart versucht gewesen sein muß, das zu tun, da seinem scharfen Auge die Weltfremdheit des Sohnes nicht entging. Daß er sich dieser Ausbildung enthielt, war ihm sicher ein harter Entschluß. Und er wird ihn auch später bereut haben. Man begreift, warum er sich der Ehe des Sohnes mit Constanze Weber so hartnäckig widersetzte; denn er sah voraus, daß eine Katastrophe entstehen müßte, wenn sich der unhaushälterische Sohn mit einer Frau verband, der das Geld ebenso locker in den Fingern saß und die sich allzugern — ihrem Mann darin sich «kongenial» anpassend — der haushälterischen Sorglosigkeit hingab und ohne wirtschaftlichen Vorbedacht dahinlebte.

Mit seiner menschlichen Großzügigkeit und wirtschaftlichen Unbesorgtheit verband sich eine große soziale Aufgeschlossenheit. Obgleich — oder weil — er von früh auf an den Höfen des mittleren und höchsten Adels verkehrte und das soziale Niveau-Gefälle zur Bürgerlichkeit und noch mehr zum Künstler hin, der ja damals noch ein Lakai war, spüren mußte, hatte er keinen Sinn für Standesunter-

Mozart als Ritter vom Goldenen Sporn. Ölbild 1777

schiede. Ihm galt nicht der Rang und der Name, sondern der Wert und die Fähigkeit des Menschen. Er hätte das Recht gehabt, sich Wolfgang Amadé von Mozart zu nennen; war er doch Anfang Juli 1770 von Papst Klemens XIV. zum Cavaliere geadelt und in einen höheren Rang versetzt worden als Gluck und Dittersdorf vor ihm. Der «vergoldete Ritter» war bislang nur einem einzigen Musiker, nämlich Orlando di Lasso, verliehen worden. Mozart verzichtete auf Ordenskreuz, Degen und Sporen sowie auf das Adelsprädikat. Er ließ sich nicht von Titeln und Namen blenden und blieb den sozial Mächtigen gegenüber stets kritisch und skeptisch. Aber den Niedriggestellten war er stets zugeneigt und vor allem denen, die seiner Kunst in wirklichem Verständnis aufgeschlossen waren. Er blieb, wo er Ränke, Neid und Mißgunst witterte, auch nicht immer objektiv oder gerecht: manches Urteil über seine Kollegen war überspitzt. Er war zu spontan, zu schnell vom Affekt bestimmt, als daß man von ihm stets eine ausgewogene Besonnenheit erwarten dürfte. Wo er aber mit dem Verstand (und dem Herzen zugleich) sorgfältig prüfte, sah er den Dingen auf den Grund. Er wußte die Ignoranz und die Anmaßung unfehlbar aufzuspüren; er unterwarf sich nur dem, den er respektieren konnte. So war auch, trotz seiner Gewöhnung an höfische Etikette, sein Auftreten frei, natürlich und unzeremoniell; daß sein Äußeres dabei sorgfältig gepflegt blieb, ist freilich festzuhalten. Es gehörte zu Mozarts innerer Sauberkeit, auch in der äußeren Erscheinung «adrett» zu sein.

Seine Art, den Menschen zu begegnen, war stets unmittelbar und direkt, dazu von einem offenkundigen Respekt vor dem anderen getragen, insofern es der andere nicht ihm gegenüber daran fehlen ließ. Mozart gab sich wie er fühlte und dachte, ohne Berechnung, ohne diplomatische Mäßigung (er war ihrer nicht unfähig, aber sie fiel ihm schwer) und Verklausulierung. Seine Antworten kamen rapid, wie aus der Pistole geschossen; nie berechnete er, ob sie bequem zu hören seien. Wenn er in seinem Stolz getroffen war, schwieg er auch vor höchsten Würdenträgern nicht: nie war er in seinem Leben ein Duckmäuser, Schleicher oder Schmeichler. Die Offenheit seines Urteils, zugespitzt durch die Treffsicherheit seiner entwaffnenden, oft bösen Zunge, verscherzte ihm manche Zuneigung, die er auf Grund seines sonstigen Charmes leicht hätte erwerben können. Nicht minder freigebig als mit seiner Kritik war er, wie bereits gesagt wurde, mit seinem Geld: solange er etwas hatte, gab er — oder verschenkte er — mit vollen Händen. Geradezu unfaßlich ist seine übergroße menschliche Güte, sein warmes Mitgefühl, seine nie sich versagende Hilfsbereitschaft.

Mozart war einerseits, in der Geradheit seines Denkens und in der absoluten Verfolgung seiner Maximen, von einer fast befremdenden Konsequenz: er haßte die Stümperei, das Kriechertum und die Verlogenheit. Und andererseits erlag er der «falschen Welt» gelegentlich doch, wenn es etwa um schmeichlerische «Freunde» ging, die ihn seine sonst so sichere Haltung vergessen und ihn in überschneller Vertraulichkeit mit ihnen gemein werden ließen. Freilich konnte er sich in seltenen Einzelfällen gegen die von ihm selber so hochgeschätzte Wahrhaftigkeit vergehen: so leugnete er (aus Paris, Spätsommer 1778) dem Vater gegenüber mit einer Entschiedenheit, die befremdlich ist, die erotische Natur seiner Beziehungen zum Bäsle. Er konnte, je nach Bedarf, simulieren oder dissimulieren. Er wußte sich fromm zu gebärden, wenn er sich dafür vom Vater Konzessionen versprach, und er konnte von seiner *angeborenen Blöde* reden (14. Januar 1787), obgleich er andererseits keinen Hehl daraus machte, daß er *schlimm* sein könne.

Mozart. Kupferstich von Johann Georg Mansfeld d. J. nach Posch, 1789

Seine Vertrauensseligkeit würde ihn als schlechten Psychologen ausweisen, wüßten wir von seinem dramatischen Schaffen nicht besser, wie genau er die Menschen kannte. Aber diese tiefere Menschenkenntnis, die in dramatischer Zielsicherheit ewige Gestalten schuf, war in seinem Alltag kaum anwendbar; da sah er eigentlich nur dann scharf, wenn er sich die Mühe machte zu analysieren oder wenn er argwöhnisch war. Ersteres zeigt sich in seiner köstlichen Beschreibung Wielands, die er am 27. Dezember 1777 dem Vater lieferte:

Nun bin ich mit Herrn Wieland auch bekannt. Er kennt mich aber noch nicht so, wie ich ihn; denn er hat noch nichts von mir gehört. Ich hätte mir ihn nicht so vorgestellt wie ich ihn gefunden; er kommt mir im Reden ein wenig gezwungen vor. Eine ziemlich kindische Stimme; ein beständiges Gläselgucken, eine gewisse gelehrte Grobheit, und doch zuweilen eine dumme Herablassung. Mich wundert aber nicht, daß er (wenn auch zu Weimar oder sonst nicht) sich hier so zu betragen geruhet, denn die Leute sehen ihn hier an, als wenn er vom Himmel herabgefahren wäre. Man geniert sich ordentlich wegen ihm, man redet nichts, man ist still; man gibt auf jedes Wort acht, was er spricht; — nur schade, daß die Leute oft so lange in der Erwartung seyn müssen, denn er hat einen Defect in der Zunge, vermög (dessen) er ganz sachte redet, und nicht 6 Worte sagen kann, ohne einzuhalten. Sonst ist er, wie wir ihn alle kennen, ein vortrefflicher Kopf. Das Gesicht ist von Herzen häßlich, mit Blattern angefüllt, und eine ziemlich lange Nase. Die Statur wird seyn: beiläufig etwas größer als der Papa.

Seine schnelle Zuneigung, seine Zugänglichkeit für Lob und Schmeichelei machte ihn oftmals blind gegenüber denen, die ihn aushorchen oder ausnutzen wollten. Bei ihm setzte der psychologische Instinkt erst ein, wenn es die Abstraktion, den Typus, galt: sei es nun Figaro oder Don Giovanni oder Graf Almaviva. Seine verdichteten, ebenso menschlichen wie unsterblichen Operngestalten handeln mit der Präzision eines psychologischen Uhrwerks, sie reagieren aus der Situation und aus ihren Anlagen heraus mit einer Richtigkeit, die atemraubend ist. Diese dramatischen Gestalten sind mit einer großartigen Hellsicht konzipiert; die wirklichen Menschen aber, mit denen Mozart umging, vermochten ihn auf eine geradezu beschämende Weise zu täuschen. Ein merkwürdiges Paradox: fast scheint es, als habe Mozart sich nicht die Mühe gemacht, seine tieferen psychologischen Fähigkeiten im Alltag, zu seinem eigenen Vorteil, anzuwenden. Auch hier setzte er großzügig auf den Glauben an das Vordergründige, an die Übereinstimmung von Gesprochenem und Gedachtem.

Ein merkwürdiger Mann fürwahr, mit seiner noblen Gesinnung und seinem Hang zu volkstümlicher Anbiederung zugleich. Aber auch hier war er stets mit sich im reinen; wenn er sich getäuscht oder sich etwas vergeben hatte, ging er schnell darüber hinweg. Sein Selbstvertrauen wahrte die rechte Mitte zwischen männlichem Stolz,

Mozart. Ölbild von Barbara Krafft, 1819

angemessener Selbsteinschätzung und ehrfürchtiger Bescheidenheit. Jeder Dünkel war ihm fremd. Seine Art war, bei aller Politesse, herzhaft, er war mit der Not des einfachen Menschen vertraut, er zierte sich nicht, er gab sich ohne lange Umstände, ohne wichtigtuerische Bedächtigkeit und ohne geizende Ökonomie. Er hatte offenbar immer Zeit, auch wenn ihn die Gläubiger oder die Besteller von Kompositionen bedrängten. Er war, sooft er auch ausgenützt oder enttäuscht wurde, bei aller nüchternen Einschätzung des Lebens gutgläubig, auch wenn es sein eigener Nachteil wurde. Er liebte die Geselligkeit und den Tanz, das Kegelspiel und das Reiten; letzteres gab er freilich aus Angst, zu stürzen, in den Wiener Jahren ganz auf. Auch vor unkontrollierbaren Bewegungen, die bei der Schnelligkeit seines Temperaments hätten gefährlich werden können, nahm er sich in acht; so soll er das Fleisch auf seinem Teller nie selber aufgeschnitten haben. Seine Gesten waren lebhaft, oft nervös; man kennt das Trommeln seiner nach steter Beschäftigung verlangenden, gleichsam unablässig klavierspielenden Finger. Seine Stimme war tenoral, nicht allzu mächtig, aber sich Gehör verschaffend. Bei seinem Temperament erfolgten die Stimmungswechsel oft jäh: aus tödlichem Ernst konnte die Seelenlage unvermittelt in Schabernack, Albernheit und lärmende Possen umschlagen, dabei aber auch aus dem Bereich des Gewöhnlichen immer wieder zündende Blitze sendend.

So war er, alles in allem: kompliziert wegen der Vielfalt seines Wesens und seiner Anlagen und der Breite seiner möglichen Reaktionen; im Grunde genommen jedoch einfach, da seine scheinbare Aufgeschlossenheit das eigentliche Maß seiner inneren Beteiligung nicht verriet. Trotz gelegentlich gezeigter Emphase blieb er in geradezu ungewöhnlicher Weise sachlich, nüchtern und meist auch gerecht, wenn auch mitunter schonungslos in seinem Urteil.

Seine Frömmigkeit war von der Konvention (die ihm ja auch Aufträge einbrachte) bestimmt. Religiöse Glut war (wie so mancher andere starke Affekt) nicht seine Sache. Er stand sich selber fast unbeteiligt, zumindest temperiert, gegenüber. Diese Kühle hat oft einen nahezu fatalistischen Zug, der mit seinem wortreichen Komödiantentum auf die seltsamste Weise kontrastiert. Überhaupt scheint es, als wäre der Mensch Mozart analytisch vom Betrachter zwar in zahlreiche Gegensätze aufzugliedern, deren Synthese aber einzig der Komponist, der schöpferische Genius, gelebt hat. Alle seine Menschlichkeiten waren auf eine Mitte bezogen, die wir nur zu ahnen vermögen. Mozart war normal und abnorm zugleich, einfach und kompliziert, albern und ernst, vordergründig und hintergründig, harmonisch und exzentrisch. Sein Rätsel ist nicht diese unglaubliche Mischung als solche, sondern die höhere Kraft, von der diese Gegensätze geeint und ausgerichtet wurden für die eigentliche Aufgabe, die ihm bestimmt war. *Die einzig gültige Biographie Mozarts ist sein Werk.** Von ihm her werden seine menschlichen Gegensätze unerheblich, auch der Anstoß von außen, dessen sein Geist zur «Zündung» bedurfte. Was immer ihm im Leben mißlang, das überhöhte er im Werk. Ohne Konfessionen und gänzlich vom jeweiligen «Erlebnis» abgelöst: das ist das Außerordentliche. In einem tieferen Sinn ist es folgerichtig, daß Mozarts Schaffen nur unter äußeren Mißerfolgen, in quälender Not, in einer ungesicherten Lebensstellung, unter den Zeichen der irdischen Insuffizienz vor sich ging: was ihm das Leben versagte, wurde auf unvergängliche Weise in sein Werk integriert. Und so erklärt sich, aus einer sehr hohen Schau, alles Mißlingen Mozarts, was seine Lebensführung anlangt, ja, selbst sein früher Tod. So sehr der Mensch Mozart, in seinem vergeblichen Ringen mit der Welt, uns erregt und unsere Sympathie und Liebe bindet: er war nur der rätselhafte und vergängliche irdische Vorwand für die immense Aufgabe, die sein Genius in knapp sechsunddreißig Jahren durch ein unvergängliches Werk erfüllt hat.

DIE MENSCHLICHE UMWELT

Wolfgang Amadé Mozart begegnete in seinem Leben einer ungeheuren Zahl von Menschen aller Klassen und Nationen. Sein frühes Auftreten in der Öffentlichkeit, seine zahlreichen Reisen, seine Besuche an vielen Höfen, sein Metier: das Orchester, die Bühne, das Podium, der Unterricht, brachten ihn in flüchtige oder dauerhaftere Berührung mit Künstlerkollegen, Musikenthusiasten, Schülern und Schülerinnen. Da er überdies ein Mensch mit Hang zu Geselligkeit und Umtrieb war, hatte er, solange es ihm materiell einigermaßen gut ging, einen großen Kreis von Freunden und Gelegenheitsbekannten.

Mit den «Großen» wurde er auf eine fast virtuos zu nennende Weise fertig: sein Vater hatte ihn früh mit dem nötigen Zeremoniell vertraut gemacht. Für Wolfgang Amadé war es kein Problem, die rechte Mischung zwischen Unterordnung und Wahrung der eigenen Würde zu finden. Dabei halfen ihm seine Schlagfertigkeit und das erforderliche Selbstbewußtsein: in seinem Bereich, nämlich als schöpferischer Genius, war er ebenso ein «Großer» wie die durch Namen oder Funktion Geadelten und Mächtigen. Wie er als Kind keine Befangenheit kannte, der Kaiserin Maria Theresia auf den Schoß kletterte und sie abküßte, oder die Prinzessin Marie Antoinette heiraten wollte, weil sie ihm, als er auf dem glatten Parkett gestürzt war, beim Aufstehen geholfen hatte, so zeigte er als Erwachsener – in all den Schnörkeln eines unterwürfigen Briefstils, der zur Zeit und zum Hofzeremoniell gehörte – Würde und Bestimmtheit. Er bangte vor solchen Begegnungen nicht, sondern war frei und unbefangen.

---

* Diese Feststellung, im Sommer 1961 niedergeschrieben, wurde – wohl davon unabhängig – Thema und Kontrapunkt des erregenden Mozart-Buches von Wolfgang Hildesheimer, erstmals 1977 erschienen.

Kaiserin Maria Theresia mit Franz I. und ihren Kindern in Schönbrunn

Wenn Karl Theodor ihn monatelang hinhielt, so ließ Mozart das Dringliche, Lebensentscheidende seiner Bewerbung durchaus erkennen; vielleicht ärgerte den Kurfürsten die fehlende Unterwürfigkeit und die nur mühsam verborgene Ungeduld des Anwärters. Und wenn Kaiser Joseph II. nach der Aufführung von *Die Entführung aus dem Serail* sagte: «Sehr schön, lieber Mozart, aber gewaltig viele Noten», antwortete Mozart, der die Herabsetzungen seiner Neider in diesem Ausspruch sehr wohl hörte, dem Kaiser in selbstbewußter Zurechtweisung: *Halten zu Gnaden Eure Majestät, genau so viele Noten, als nötig sind.* Oft waren ihm die Aufwartungen und Bittgänge, die er von Jugend an gewohnt war, mehr als lästig, und er absolvierte sie ohne innere Anteilnahme, geschweige denn mit Lampenfieber; so zum Beispiel, als er im Dezember 1778 in München, unter dem Eindruck des Abschieds von Aloysia Weber, am bayrischen Hof seine Aufwartung machte. Nach langem Antichambrieren empfing ihn die Kurfürstin für eine halbe Stunde. Man merkt seine Unbeteiligtheit, wenn er dem Vater berichtet, daß sie *sehr gnädig* mit ihm gewesen sei.

Drückend und schließlich unerträglich für ihn wurde die Abhängigkeit von dem Salzburger Erzbischof Hieronymus von Colloredo. Mozart war vor seiner großen Reise (September 1777 bis Anfang 1779) aus der Salzburger Hofkapelle ausgeschieden, dann vom Vater, als er auf dieser Reise nirgends eine Anstellung gefunden hatte,

Hieronymus Graf Colloredo, Fürst-erzbischof von Salzburg. Ölbild von Franz Xaver König, 1772

im Januar 1779 zum Wiedereintritt, diesmal freilich als Konzertmeister und Organist, bewogen worden. Aber im April 1781 kam es in Wien doch zum Zerwürfnis, als der Erzbischof sein Verfügungsrecht über Mozart zu weit trieb und ihm verbot, in Wien als Pianist aufzutreten: Mozart weigerte sich, weiterhin wie ein Lakai behandelt zu werden. Die dramatischen Umstände, die heftigen Auftritte zwischen dem Oberstküchenmeister, dem Grafen Karl Arco und Mozart sind genügend bekannt. Sie gipfelten in einer tätlichen Beleidigung, in einem Fußtritt Arcos, der Mozart nicht so sehr körperlich weh tat, als vielmehr sein Ehrgefühl auf das Äußerste verletzte. Wolfgang schrieb dem Vater, daß er geradezu physisch krank wurde unter dieser Schmach, und daß er all seine Beherrschung hätte zusammennehmen müssen, um nicht seinerseits, im Wort oder in der Tat, ausfällig zu werden. Mozart ist einer der ersten, der die Ketten lakaienhafter Abhängigkeit zerbrach und damit ein Leben äußerer Unabhängigkeit und Unsicherheit auf sich nahm.

Wußte er, im Verkehr mit den Mächtigen und ihm Übergeordneten, seinen eigenen Bereich zu wahren, weil er dem Adel des Namens immer den des Könnens entgegenzusetzen verstand, so begab er sich — wie bereits gesagt wurde — in der Gesellkeit, im Umgang mit ihm Nicht-Übergeordneten, mitunter seiner Würde. Bei aller Gerafftheit und Disziplin, die wir vom Werk her in Mozarts Person hineinsehen, muß er in einem gewissen Bereich etwas Unberechenbares, ja geradezu Chaotisches gehabt haben: ein Vergeuden aus dem Vollen (nicht nur in materieller Hinsicht), eine völlig unrationale, dabei höchst periphere Bindung an Menschen, die mit ihm, obgleich er sie kaum kannte, nach Wunsch und Laune zu spielen verstanden.

Seinen Kollegen begegnete er auf verschiedene Weise: Anerkennung und faires Betragen wechselte mit vernichtenden, überspitzten Urteilen, auch mit Mißtrauen. Ein leuchtendes Vorbild bleibt sein herzliches, von höchster Verehrung getragenes Verhältnis zu Joseph

Michael Haydn. Stich von Johann Friedrich Schröter d. Ä.

Haydn. Man könnte sagen, vom Schöpferischen her gesehen sei Haydn der einzige ebenbürtige und kongeniale Freund Mozarts gewesen. Rührend ist auch etwa, wie er für Michael Haydn, dem vorübergehend der schöpferische Atem ausgegangen war, zwei Duos für Geige und Bratsche (KV 423 und 424) komponierte, die lange unter dessen Namen liefen. Oft aber blieb er mißtrauisch, in einer unangebrachten Reserve; zum Beispiel bei Gluck, mit etwas mehr Recht vielleicht bei Salieri. Aber auch hier zeigte Mozart, daß er die Indifferenz nicht kannte: es gab bei ihm nur Liebe oder Ablehnung.

Über Mozart als Lehrer wird später einiges zu sagen sein; hier soll nur das Persönliche seiner pädagogischen Beziehungen kurz gestreift werden. Seine vorzüglichste Gesangsschülerin in Mannheim war Aloysia Weber. In Wien, nach seinem Bruch mit Colloredo (der bald stadtbekannt wurde und ihm viele Sympathien einbrachte, so daß dort Jahre des Aufstiegs für ihn begannen), wählte ihn der

August Klemens Graf Hatzfeld. Ölbild, um 1785

Adel als Klavierlehrer, und er blieb einige Jahre lang der Favorit unter den Klavierpädagogen, begehrt vor allem von den Damen. Die ersten drei Schülerinnen, die er im Jahre 1782 gewann, waren: Frau Therese von Trattnern (1758 bis 1793), die Gräfin Thiennes de Rumbeke, geborene Gräfin von Cobenzl, und die Gräfin von Zichy. Dazu kamen später Josepha Aurnhammer, die Gräfin von Palffy, Babette von Ployer, Wilhelmine Gräfin von Thun, geborene Komtesse von Uhlfeld. Weitere Schüler waren: der später sehr berühmte Dr. med. Joseph Frank (1766–1841), Professor für innere Medizin; Thomas Attwood, Johann Nepomuk Hummel (1778–1837) und Ignaz Seyfried (1766–1841), letzterer war später Kapellmeister am Theater Schikaneders. Der letzte Schüler Mozarts war Franz Süßmayr (1766–1803). Als Schülerinnen blieben ihm auch in seinen Elendsjahren treu: Frau von Trattnern, Franziska von Jacquin, vielleicht auch Josepha Aurnhammer.

Zu den Freunden und Bekannten Mozarts aus den letzten Jahren gehörten: Emanuel Schikaneder, der Tenor Benedikt Schack und dessen Frau (sie war Altistin), der Bassist Franz Gerl, dessen hübsche Frau Mozart gerne sah. Das gleiche gilt für Frau Magdalene Hofdemel (geb. Pokorny), deren Gatte, Franz Hofdemel, Mozarts Gläubiger war, wie auch Joseph Puchberg, der Freimaurerfreund. Sein Arztfreund Joseph Sigmund Barisani, der Sohn des Dr. med. Sylvester Barisani (des erzbischöflichen Hofarztes in Salzburg), starb, wie Mozarts naher Freund Graf August Hatzfeld, bereits im Jahre 1787. Ferner gehörten zu seinem Freundeskreis: Gottfried von Jacquin, Gottfried van Swieten (der etwas gestelzte Gönner Mozarts), der Komponist Joseph Eybler mit Frau, der Klarinettist Anton Stadler, die Familien Schwingenschuh und Bergopzoomer, der Hornist Leitgeb, der Fürst Lichnowsky. Die Beziehungen zu Aloysia Lange und deren Mann Joseph Lange (von letzterem stammt das berühmte — unvollendete — Porträt Mozarts vom Frühjahr 1783) spielen 1782/83 und hören in den letzten Jahren seines Lebens fast ganz auf.

MOZART UND DIE FRAUEN

Viel zitiert sind Mozarts Beziehungen zu den Frauen. Das vorige Jahrhundert sah ihn einmal als treuen, biederen Ehemann, dann aber auch als liebelnden Lebemann. Keines von beiden ist richtig. Mozart ist viel komplexer, auch auf diesem Gebiet.

Es gehört heute zu den Gepflogenheiten der Berichterstattung, auch die intime Sphäre der Öffentlichkeit bloßzulegen. Wir tun es ungern, aber wir sind es Mozart schuldig, ihn vor Verniedlichung wie Entstellung zu schützen.

Novello sagt in seinen liebenswerten Notizen anläßlich seiner Mozart-Wallfahrt im Jahre 1829 nach Salzburg und Wien, daß Mozart nur solchen Damen Klavierunterricht erteilt habe, in die er verliebt gewesen sei. Das ist, insgesamt gesehen, zweifellos eine überspitzte Formulierung, aber sie enthält einen wahren Kern. Nicht in dem Sinne, daß Mozart mit allen seinen Schülerinnen ein Verhältnis gehabt hätte; sondern vielmehr, daß für seinen pädagogischen Eros, wie überhaupt für seine Beziehung zu den Menschen, eine sinnliche Anziehung bestimmend war. Mozart, dem Indifferenz das Wesensfremdeste war, brauchte für seinen Umgang mit den Menschen ein sinnliches Fluidum, das, je nachdem, von der Sympathie über die geistige Liebe bis zum Sexus reichen konnte. Sein Konnex zu den Menschen war nicht abstrakter Natur, sondern, auch im geistigen Bezug noch, von einer fast magnetischen — im Sinne Franz Anton Mesmers — Verve getragen, die am besten mit dem Begriff «Eros» bezeichnet wird, der ja viel mehr einschließt als nur die sinnlich-körperliche Liebe. Wie wenig das, was hier gemeint ist, sich mit dem Begriff des Sexus deckt, geht daraus hervor, daß Mozart trotz seiner «erotischen» Grundeinstellung zu den Menschen, bei seinen innigsten Frauen-Erlebnissen die letzte sinnliche Erfüllung, soweit es sich beurteilen läßt, nicht gefunden hat. Nach Alfred Einstein war er sogar ein Mann, der auf Frauen nicht wirkte und aus der Rolle des unglücklichen, abgewiesenen Liebhabers nicht herauskam.

Nun, auch diese Aussage halten wir — in dieser Form — für gewagt, wenn nicht für falsch. Aber eines ist sicher: Mozarts «erotische» Verve, dazu mit dem Impetus und der schnellen Aktion seines Temperaments gepaart, konnte von kühlen, eines langen Anlaufs bedürfenden Frauen leicht mißverstanden werden, vor allem, wenn er sich komödiantisch gebärdete. Auch konnte die Empfänglichkeit seiner Sinne, die als Grundhaltung und Bereitschaft stets spürbar war, ihm den Vorwurf der Leichtfertigkeit, nämlich der allzu bereiten «Liebelei» einbringen. Dieses Mißverständnis ist auch ungebührlich oft erfolgt; offenbar schon zu seinen Lebzeiten entstanden, hat es sich in gewissen Ablegern populärer Mozart-Literatur, die Mozart als chronischen Schwerenöter und Schürzenjäger schildert, gehalten. Daß sein erotischer Impuls auf Frauen überhaupt nicht gewirkt habe, ist unwahrscheinlich; aber offenbar wirkte er nicht immer auf die richtigen und nicht immer im richtigen Augenblick. Denn eines ist

Augsburg. Stich von Jeremias Wolff nach Friedrich Bernard Werner, 1730

sicher: daß sich bei Mozart, in der Vielschichtigkeit und Verwandlungsfähigkeit seiner geistigen und körperlichen Liebe, eine ideale Erfüllung von Eros und Sexus im gleichen Objekt der Liebe kaum einmal einstellen wollte. Und wenn es einmal der Fall war, dann blieb die Frau unerreichbar oder sie war nicht zu halten. So zerfiel bei ihm die reiche Skala der Liebesfähigkeit in praxi mehr oder weniger in geistige und sinnliche Bedürfnisse. Von dieser Auffassung her, die noch näher zu belegen ist, stimmt es in einem höheren Sinn, daß Mozart ein unglücklicher Liebhaber war.

Aus seiner Salzburger Zeit, in der sich seine ersten Liebesgeplänkel abspielten, wissen wir wenig. Um so mehr jedoch über das Verhältnis mit dem Augsburger Bäsle Thekla Mozart, das für die Fixierung der sinnlich-groben Form des Sexus und für seine späteren Enttäuschungen in der Liebe bedeutungsvoll wurde.

Wolfgang Amadé kam mit seiner Mutter am 11. Oktober 1777 in Augsburg an, mit dem Ziel, durch seinen Onkel, den Buchbinder Franz Alois Mozart, sowie andere Förderer, sich in Augsburg bekannt zu machen und an den musikalischen Ruhm des Vaters in dessen Heimatstadt anzuknüpfen.

Er stieg mit seiner Mutter im Gasthaus «Zum weißen Lamm» ab, das nur durch das kurze Kohlergäßchen von der Wohnung seines Onkels in der Jesuitengasse getrennt war. Dieser Onkel Franz Alois

Lech Fluſs

wurde von Leopold Mozart hochgeschätzt: er war für die Ausstattung und den Vertrieb seiner berühmten Violinschule (die im Jahre 1769/70 in der 2. Auflage erschienen war) ein wichtiger Mittelsmann. Er verwahrte die gebundenen Stücke und lieferte bei Nachbestellung die geforderte Zahl an Johann Jakob Lotter, den Drucker Leopold Mozarts, aus, rechnete mit ihm ab und gab seinem Bruder Leopold genauen Bericht. Dieser tüchtige und seinem studierten Bruder sehr ergebene Buchbindermeister hatte eine Tochter, Maria Anna Thekla, die damals neunzehn Jahre alt war, zwei Jahre jünger als ihr Vetter Wolfgang Amadé.

Das «Bäsle» und seinen berühmten Vetter verband eine derb-fröhliche Sinnlichkeit, die in gewisser Weise den durchaus unzimperlichen Umgangston zwischen Wolfgang Amadé und seiner Schwester Nannerl fortsetzen mochte; nur mit dem Unterschied, daß die — gegenüber Nannerl um sieben Jahre jüngere — Cousine eine erotische Anziehung ausstrahlte, die beide vielleicht nicht vermutet oder bedacht hatten. Es mag zunächst so zugegangen sein wie mit der Schwester: lose Reden, Wortspiele und Anzüglichkeiten lösten einander ab. Aber unversehens setzten sie einen Bereich in Flammen, der zwischen Wolfgang Amadé und Nannerl nicht gefährdet war. Das Bäsle war in Temperament, Schnelligkeit der Zündung, Schlagfertigkeit, kurzum in der gesamten sinnlichen Konstitution, wenn man will,

47

Maria Anna Thekla Mozart, das «Bäsle». Bleistiftzeichnung, 1777/78

eine weitgehende Entsprechung Wolfgang Amadés; nur ist dabei zu bedenken, daß das allzu bereite Entgegenkommen des Bäsle den Vetter in die sinnlichste Seite seines Wesens «verführte». Da bei dem Bäsle zwar viel Verständnis und guter Wille, aber kein hoher Geist vorhanden war, erschöpfte sich diese sehr glückliche, wenn auch kurze Beziehung in einer Sphäre, die dem Vulgären oft bedenklich nahe war. Gewiß, auch diese Seite, die für das Alter um zwanzig kennzeichnende erotische Kraftmeierei, gehört zu Mozart. Aber für ihn ist sie nicht die einzige Qualität seines Eros, während sich das Bäsle im Handgreiflich-Derben erschöpfte. Man soll die berühmte Korrespondenz zwischen den beiden, die in ihrer Ungeniertheit ewig ein Gouvernantenschreck bleiben wird, auch nicht schmähen. Nur muß man wissen, daß diese Wortorgasmen und Zoten nichts anderes waren als Aphrodisiaka zwischen den beiden: zunächst im gesprochenen Wort als vorbereitendes Liebesgeplänkel, und später noch als Nachgenuß im Brief. Durch die Überlieferung dieser — sicher nicht für die Nachwelt bestimmten — Briefe erhält das Mozart-Bild leicht eine falsche Beleuchtung; man soll diese Episode als Faktum, aber nicht allzu wichtig nehmen.

Mozart läßt in der enthusiastisch-verliebten Schilderung der Base, in der Feststellung, daß sie, wie er selber, *auch ein wenig schlimm* sei, keinen Zweifel über die Art des Verhältnisses aufkommen; erst später versuchte er es zu leugnen.

Wolfgang schreibt am 13. November 1777 seinem Bäsle, zunächst noch im Ton des Schabernacks, dann aber seriös und unmißverständlich: *Haben Sie mich noch immer so lieb, wie ich Sie, so werden wir niemahlen aufhören uns zu lieben, (wenn auch der Löwe ringsherum in Mauern schwebt,) wenn schon des Zweifels harter Sieg nicht wohl bedacht gewesen, und die Tyranney der Wüterer in Abweg ist geschlichen, so frißt doch Codrus der weise Philosophus oft Rotz für Habermuß, und die Römer, die Stützen meines Arsches, sind immer, sind stets gewesen, und werden immer bleiben — kastenfrei... Adieu cependant, je vous baise vos mains, votre visage, vos genoux et votre — afin, tout ce que vous me permettez de baiser. Je suis de tout mon cœur*

> *votre*
> *très affectionné Neveu et Cousin*
> *Wolfg. Amadé Mozart*

Und drei Wochen später, am 3. Dezember 1777, schreibt er aus Mannheim nicht minder deutlich: *A propos: seit ich von Augsburg weg bin, habe ich die Hosen nicht ausgezogen, außer des Nachts, bevor ich ins Bett gehe.*

Die Beziehung währte nur 14 Tage. Mozart gab in Augsburg zwei öffentliche Konzerte (am 16. und 22. Oktober); schon am 26. Oktober kam es zu einem tränenreichen Abschied. Der Vater schreibt dem Sohn am 29./30. Oktober 1777 aus Salzburg: «In Augsburg hast Du auch Deine kleinen Scenen gehabt, Dich mit meines Bruders

Aus einem Brief Mozarts an das «Bäsle»

Tochter lustig unterhalten, die Dir nun auch ihr Portrait schicken mußte.» Diese Zeilen beweisen, daß Vater Mozart alles andere als prüde war, und dennoch zeigt die feine Formulierung sowohl sein Wissen als auch einen gelinden Vorwurf. Aus dem Satz geht hervor, daß es nicht eine beliebige Frau war, mit der der Sohn seine «Scenen» hatte, sondern die Tochter seines Bruders. Wie scharf Leopold Mozart sah, und wie gut er auch das Bäsle beurteilte, ist aus dem Brief zu lesen, der dem genannten Zitat vorangegangen war und in dem er teilweise die lobenden Ausdrücke seines Sohnes über das Bäsle wiederholte, gleichzeitig aber auch seine Bedenken über den allzu freien Lebenswandel des Bäsle äußerte:

«Unser beider Empfehlungen an meinen lieben Bruder, Frau Schwägerin und Jungfer Bäsle. Daß mein Jungfer Bäsle schön, vernünftig, lieb, geschickt und lustig ist, das freut mich unendlich, und ich habe gar nichts dagegen einzuwenden, sondern wünschte vielmehr die Ehre zu haben, sie zu sehen. Nur scheint es mir, sie habe zu viel Bekanntschaft mit Pfaffen. Wenn ich mich betrüge, so will ich es ihr vor lauter Freuden kniefällig abbitten, denn ich sage nur: e s s c h e i n t m i r, und der Schein trügt, absonderlich soweit — von Augsburg bis Salzburg, absonderlich jetzt, wo die Nebel fallen, daß man nicht auf 30 Schritte durchsehen kann. — Nun mögt Ihr lachen wie Ihr wollt! Es ist schon recht, daß sie schlimm ist: aber die geistlichen Herren sind oft noch weit schlimmer!» (18. Oktober 1777)

Der Sohn wehrt sich zwar dagegen, sein Bäsle sei kein *Pfaffenschnitzel* (24. Oktober 1777). Aber wie in so vielem, sollte Leopold

Mozart auch mit dieser Vermutung recht behalten: das Verhängnis kam ihr, wenn auch erst einige Jahre später, von einem «Pfaffen». Beim Eintrag ihrer unehelichen Tochter Maria Josepha in das Taufbuch von Hl. Kreuz nannte sich die Kindsmutter «Maria Anna Drazin»; in diesem frei erfundenen Namen liegt eine wehmütig-heitere Erinnerung an die Wortverdrehungskünste des Vetters, der sich oft, seinen Namen von hinten lesend, «Trazom» nannte. Auch der Name des Kindsvaters wurde in der Matrikel mystifiziert; es war, wie E. F. Schmid nachgewiesen hat, der Domherr und Doktor beider Rechte Franz de Paula Maria Freiherr von Reibeld.

Das Kind Maria Josepha wuchs mit der Mutter im Buchbinderhaus auf; nach dem Tod der Buchbinderswitwe (Franz Alois Mozart war am 19. Juni 1791 gestorben) am 16. April 1808 war das Bäsle ganz vereinsamt. Ein alter Bekannter von der Augsburger Postdirektion, der Postwagenexpeditor Franz Josef Streitel, nahm die Fünfzigjährige samt Tochter in seinen Haushalt auf; er nahm beide auch mit, als er 1812 nach Kaufbeuren und zwei Jahre später nach Bayreuth versetzt wurde. In diesem kinderreichen und leicht zerrütteten Haushalt lebte das Bäsle bis zu ihrem Tode am 25. Januar 1841 im Alter von 83 Jahren; in Bayreuth ist sie auch begraben.

Noch lange blieb Wolfgang Amadé das derb-sinnliche Erlebnis mit dem Bäsle im Gedächtnis. Er drängt in seinen Briefen an sie auf das Bild, das schließlich, von einem Dilettanten gezeichnet, zu seiner großen, überschwenglichen Freude eintrifft. Die Korrespondenz setzt den Jargon fort, in dem die beiden in Augsburg miteinander verkehrt hatten.

Aber langsam treten doch andere Frauen in seinen Gesichtskreis: vor allem, als sich Mozart mit seiner Mutter in Mannheim für den Winter einzurichten beginnt. Der Kurfürst Karl Theodor hat es mit seiner Entscheidung, ob er ihn als zweiten Kapellmeister anstellen will, nicht eilig; die neugewonnenen Freunde in Mannheim, vor allem Musiker, drängen ihn zu bleiben, auch hat er schon einige Schüler und hin und wieder einen Auftrag. Diese Mannheimer Zeit ist nicht seine produktivste: der Grund hierfür ist zuerst die Vorläufigkeit seines Aufenthalts, dann erotische Verspieltheit, zuletzt aber die große Liebe, die ihn ganz in ihren Bann schlägt.

Zu der unentschiedenen cherubinhaften Verliebtheit gehört seine Verehrung für Rosa Cannabich. Es ist die kaum sechzehnjährige Tochter des berühmten Mannheimer Kapellmeisters und Komponisten, der er Klavierunterricht erteilt. Sie ist ein erblühendes Mädchen, ihm offenbar sehr zugetan, auch gelehrig, sicher geistig nicht sehr beweglich, auch noch recht infantil. So bleibt es bei der indifferenten Schwärmerei, die sogar noch musikalisch ausgemünzt wird: in dem berühmten Andante für Klavier aus der Sonate KV 309, in dem er, wie er dem Vater schreibt, das sanfte und anmutige Wesen des Mädchens geschildert hat.

Bleibt dies alles ein Spiel, unverbindlich und ohne großen Schmerz beendbar, so bricht zu Anfang des Jahres 1778, ebenfalls noch in Mannheim, die große Leidenschaft über ihn herein. Diese Liebe war von einer Kraft und Bedingungslosigkeit, wie sie ihm kein zweites Mal beschert wurde; von diesem Erlebnis hat er sich auch nie ganz zu lösen vermocht.

Wolfgang Amadé Mozart lernte die Familie Weber um den 10. Januar 1778 herum kennen. Der Vater Fridolin war ehemaliger Sänger, Souffleur und Notenschreiber. Er hatte vier Töchter, von denen die zweite, Aloysia, damals knapp siebzehn Jahre alt war. Sie hatte eine schöne Stimme und wollte Sängerin werden. Mozart war von ihrer Begabung bezaubert; er musizierte mit ihr, nahm staunend ihre ungewöhnlichen Fortschritte wahr und setzte sich mit allen Kräften dafür ein, aus ihr eine große Sängerin zu machen. Dazu war Aloysia hübsch, stattlich und behend; es kann kein Zweifel sein, daß die kupplerische Mutter das Verhältnis, mindestens eine ganze Weile, förderte. Für Wolfgang Amadé war dieses Erlebnis so mächtig, weil ihm hier Sinnlichkeit und musikalische Intelligenz von einer für ihr Alter überreifen, selbstbewußten, dabei ihm im Temperament sehr ähnlichen Frau entgegenzukommen schien. Hätte diese Frau erfüllt, was Mozart als Möglichkeiten in sie hineinsah, so wäre sie für ihn der Inbegriff der sinnlich-geistigen Liebe und der Seligkeit auf Erden geworden.

Karl Theodor, Kurfürst von der Pfalz. Stich von Joseph Anton Zimmermann nach Anton Hickel

Aber leider täuschte er sich in Aloysia. Sie hielt ihn, um von ihm zu lernen, und stieß ihn von sich, als sie ihn nicht mehr brauchte. Mozart hätte alles gegeben, um diese Frau zu prägen und um mit ihr vereint zu sein. Er reiste mit ihr, ihrer älteren Schwester Josepha und dem Vater Weber nach Kirchheim-Bolanden zu einem Konzert, in dem Aloysia sang; er schrieb seinem Vater glühende Briefe über gemeinsame Konzertreisen, die er mit den Weberischen unternehmen wollte, um Aloysia bekannt zu machen und zur ersten Sängerin Deutschlands zu erheben, dazu, um die Familie Weber, die in mehr als kümmerlichen Verhältnissen lebte, zu «retten». Vater Mozart verlor über dieser Unbesonnenheit und hoffnungslosen Verliebtheit des Sohnes fast den Verstand.

Wolfgang hat sich in der fachlichen Beurteilung Aloysias, wie ihre glänzende Karriere zeigte, nicht getäuscht; aber er täuschte sich in

Mannheim, Theaterplatz. Stahlstich von J. Richter

ihrem Charakter und in der Annahme, daß sie ihn liebe. Daran, daß sie ihn nicht wiederliebte, kann eigentlich nur er selber schuld gewesen sein. Wir müssen annehmen, daß er sich in der Bedingungslosigkeit seiner Hinneigung und in der Intensität seiner Werbung überschlug. Und da ihm dies vielleicht selber bewußt wurde, gab er sich, um zu dissimulieren und die Glut zu verbergen, komödiantisch. Dadurch wieder verlor er an Männlichkeit und wirkte auch da unseriös, wo es ihm bitter ernst war. Aloysia, die Verhaltene, die Kühle, schreckte vor seinem vibrierenden, sich selber gänzlich veräußernden und infolge seiner übrigen Farcen unglaubwürdigen Impetus zurück. Vielleicht kamen noch andere unglückselige Momente dazu: intrigante oder ungeeignete Manöver der Mutter, die Tücke manch einer falsch interpretierten oder falsch genutzten Situation. Erstaunlich bleibt aber immer noch der Umstand, daß Aloysia, wenn sie ihn schon nicht liebte, auch nicht annähernd seinen musikalischen Rang begriff. Sie bekannte es später (1829) den beiden Novello, denen sie auch sagte, daß sie ihn nie geliebt habe.

An ihrer Liebe muß man schon zweifeln, wenn man sieht, wie vergeblich Wolfgang in Paris auf Briefe von ihr gewartet hat. Er verzehrte sich in Sehnsucht nach ihr und schrieb ihr Briefe, in denen sich die werbende und doch zurückhaltende Glut der Liebe und eine magistrale Unterweisung zu der ergreifenden Sprache einer großen Seele verdichteten.

Er schrieb an Aloysia in einem hervorragenden Italienisch. Das war einmal eine Verneigung vor der Primadonna, die er in ihr sah, seit er sie das erste Mal singen gehört hatte; zum anderen aber die Sprache seines in ernster Glut entbrannten Herzens. Wenn er deutsch schrieb, war die Versuchung der Albernheit, der witzigen Glosse und der Wortverdrehung allzu groß. So ernst, so beschwörend wie in dem folgenden, vollständig zitierten Brief wird er erst in seinen späteren Briefen an Constanze wieder, aber aus anderem Grund: wenn er sie nämlich — auf ebenso noble wie eindringliche Art — wegen ihres lockeren Betragens zurechtweist.

Mozart schrieb am 30. Juli 1778 aus Paris an Aloysia Weber:

Liebste Freundin!

Bitte verzeihen Sie mir, daß ich Ihnen diesmal die Variationen über die mir aufgetragene Arie nicht beilegen kann; aber ich hielt es für derart dringend, den Brief Ihres Herrn Vaters so schnell wie möglich zu beantworten, daß mir keine Zeit blieb, die Variationen zu schreiben, geschweige denn, sie Ihnen zu schicken. Aber Sie werden sie sicher mit dem nächsten Brief erhalten. Indessen hoffe ich, daß meine Sonaten sehr bald gedruckt werden; und bei dieser Gelegenheit werden Sie auch «Popolo di Tessaglia» erhalten, das schon halb fertig ist. Wenn Sie so zufrieden sind wie ich es bin, kann ich mich glücklich nennen; noch mehr werde ich es sein, wenn ich die Genugtuung haben werde, zu erfahren, welchen Erfolg diese Scene von Ihnen gesungen hat, denn ich habe sie einzig für Sie gemacht. Ich begehre kein anderes Lob als das Ihre; um so mehr, als ich nicht anders sagen kann als daß unter meinen Kompositionen **dieser** *Gattung — ich muß es bekennen — diese Scene die beste ist, die ich mein Lebtag gemacht habe. Sie würden mir viel Vergnügen bereiten, wenn Sie sich sogleich mit allem Eifer an meine Andromeda-Scene (Ah lo previddi!) machen wollten, denn ich versichere Sie, diese Scene wird Ihnen ebenso gut anstehen und Ihnen viel Ehre machen. Am meisten empfehle ich Ihnen den Ausdruck, sowie, genau auf den Sinn und die Kraft der Worte zu achten, sich innerlich in die Lage und in den Zustand Andromedas zu versetzen und sich vorzustellen, diese Person zu sein. In dieser Rolle werden Sie (mit Ihrer so überaus schönen Stimme und Ihrer guten Technik des Gesangs) in kurzer Zeit unweigerlich hervorragend sein. — Der größte Teil des kommenden Briefes, den zu schreiben ich die Ehre haben werde, wird in einer kurzen Erläuterung der Methode und der Manier bestehen, wie ich diese Scene von Ihnen gesungen und rezitiert haben möchte. Dennoch darf ich Sie bitten, sie von sich aus ausgiebig zu studieren; Sie werden dann den Unterschied sehen und das wird Ihnen von großem Nutzen sein. Gleichwohl bin ich völlig überzeugt, daß nicht viel zu verbessern oder zu ändern sein wird, und daß Sie*

Cäcilie Weber, geb. Stamm

viele Dinge von sich aus so machen werden, wie ich sie wünsche; das
weiß ich aus Erfahrung. Bei der Arie «Non sò d'onde viene», die Sie
selbst vorbereitet haben, habe ich nichts zu kritisieren oder verbes-
sern gefunden. Sie haben sie mir mit dem Geschmack, der Technik
und mit dem Ausdruck gesungen, den ich gewünscht habe. Deshalb
habe ich allen Grund zu meinem ganzen Vertrauen in Ihre Fähigkeit
und Ihr Wissen. Genug, Sie sind fähig, überaus fähig; nur bitte ich
Sie (und ich bitte Sie wärmstens darum) die Güte zu haben, hin und
wieder meine Briefe nachzulesen und alles so zu machen, wie ich es
Ihnen geraten habe, und sicher und überzeugt zu sein, daß ich bei
allem, was ich sage und gesagt habe, keine andere Absicht habe

und haben werde, als Ihnen all das Gute, dessen ich fähig bin, an-
zutun.

Liebste Freundin! Ich hoffe, daß Sie sich der besten Gesundheit
erfreuen, ich bitte Sie, ständig dafür Sorge zu tragen, da sie das
Beste auf der Welt ist. Ich selber befinde mich, Gott sei Dank, wohl,
was die Gesundheit betrifft, darin habe ich keine Sorge; aber mein
Herz ist unruhig und wird es bleiben bis ich die Genugtuung haben
werde dessen versichert zu sein, daß Ihrem Können Gerechtigkeit
widerfahren ist. Aber der glücklichste Zustand wird für mich an dem
Tag sein, an dem ich das höchste Vergnügen haben werde Sie wie-
derzusehen, und Sie von ganzem Herzen zu umarmen. Das ist auch
alles, was ich träumen und ersehnen kann und in diesem Verlangen
finde ich meinen einzigen Trost und meine Ruhe. Bitte schreiben Sie
mir häufig; Sie können sich nicht vorstellen, welches Vergnügen mir
Ihre Briefe machen. Bitte schreiben Sie mir jedesmal, wenn Sie zum
Herrn Marchand (dem neuen Direktor der Mannheimer «Churfürst-
lichen Deutschen Schaubühne») kommen, geben Sie mir eine kurze
Beschreibung Ihres Studiums der Aktion, das ich Ihnen heiß empfehle. Genug, Sie wissen, daß alles, was Sie betrifft, mich sehr interessiert.
Übrigens: ich soll Ihnen tausend Grüße von einem Herrn bestellen,
der der einzige Freund ist, den ich hier habe und den ich sehr liebe,

München. Stich von Franz Xaver Jungwierth nach Bernardo Bellotto, 1761

denn er ist ein großer Freund Ihrer Familie, und er hatte das Glück
und das Vergnügen, Sie viele Male auf seinem Arm zu tragen und
hundertmal zu küssen, als Sie noch ganz klein waren; es ist Herr
Kümli, der Maler des Churfürsten. Diese Freundschaft verdanke ich
Herrn Raaff (einem Tenor), der jetzt auch mein enger Freund ist,
gleichzeitig auch der Ihre und der ganzen Familie Weber. Herr Raaff
weiß gut, daß er das nicht ohne diesen Herrn Kümli sein kann, der
Sie alle verehrt und nicht müde wird von Ihnen zu sprechen, und
ich — ich kann nicht aufhören — finde kein anderes Vergnügen als
mit ihm mich zu unterhalten. Er, der wahre Freund Ihres ganzen
Hauses, weiß von Herrn Raaff, daß er mir kein größeres Vergnügen
machen kann als von Ihnen zu reden, und er versäumt es nie. —
   Addio, inzwischen, liebste Freundin. Ich bin äußerst bange auf
einen Brief von Ihnen, bitte lassen Sie mich nicht allzu lange warten
und ihn nicht allzu lange ersehen. Ich hoffe, bald von Ihnen Neues
zu erfahren, ich küsse Ihnen die Hände, umarme Sie von Herzen und
bin und werde immer sein Ihr wahrer und aufrichtiger Freund
                                        W. A. Mozart
Bitte umarmen Sie in meinem Namen Ihre verehrte Frau Mutter und
alle Ihre Schwestern.
(Aus dem Italienischen übersetzt vom Verfasser)

57

Vielleicht hätte die anfängliche Dankbarkeit, die Wolfgang bei dem Abschied von den «Weberischen» in Mannheim noch wort- und tränenreich bezeugt bekommen hatte, länger vorgehalten und vielleicht hätte die Mutter Weber ihre Tochter und deren glühenden Verehrer auch noch zusammengebracht, wenn nicht für Aloysia in der Zeit, als Wolfgang Amadé in Paris weilte, der berufliche Erfolg sich schon eingestellt hätte. Sie wurde nämlich im Sommer 1778 im Zuge der Übersiedlung des Mannheimer Hofes nach München an die dortige Oper als Sopranistin verpflichtet. Und so fiel das Wiedersehen mit Aloysia Weber anders aus, als Wolfgang Amadé es sich vorgestellt hatte. Trotz der ausbleibenden Briefe Aloysias wird Wolfgang durch Musikerfreunde von dem Erfolg Aloysias und der Übersiedlung der Weberischen nach München erfahren haben. Auf der Fahrt dorthin war es ihm auch recht, daß der Prälat von Kaisersheim, mit dem er nach München reiste, Augsburg umging. Mozart schrieb dem Vater, er verliere wohl nichts, wenn er nicht durch Augsburg komme: so ferne war ihm das Erlebnis mit dem Bäsle schon gerückt, und vielleicht war es auch sein schlechtes Gewissen, das ihn bei einer Wiederbegegnung mit dem Bäsle bedrückt hätte. Als er Ende Dezember 1778 Aloysia in München endlich wiedersah, und er alle Erwartungen auf die langersehnte Begegnung setzte, lachte ihn Aloysia, der er wegen des Todes seiner Mutter die Goldknöpfe noch schwarz umflort trug, als einen Lakaien aus. Da fiel er, dem das Bäsle ferngerückt war, in den derben Umgangston mit ihr zurück: *Leck mich das Mensch im Arsch, das mich nicht will*: dies war alles, was er herausbrachte, indem er sich wütend ans Klavier setzte.

Aber dieser Ausspruch war nur eine Maske für den tiefen Schmerz, den er erlitten hatte. Tagelang lief er todwund herum, und er schrieb dem Vater, daß er ein so betrübtes Herz habe und immerzu nur weinen müsse. Die Rolle der Trösterin übernahm, und dies zeigt ihre Seelengröße, das Bäsle, das zum liebeskranken Vetter, den es selbst noch immer liebte, nach München herüberfuhr; der Base gelang es, ihn, wenigstens nach außen, etwas aufzuheitern. Sie geleitete ihn auch (statt Aloysia, die Vater Mozart, nachdem er sie gehört hätte, in Salzburg zu empfangen und beruflich zu fördern bereit gewesen wäre) in die Heimat zurück. Sie brachte es fertig, den seinem Vater entfremdeten, dazu Salzburg hassenden Sohn so behutsam in das Haus Mozart zurückzuführen, daß weder der Verlust der Mutter noch die Spannungen zwischen Vater und Sohn die Begrüßung lähmten. Mit der Mutter war der Sohn vor fast sechzehn Monaten ausgezogen, sie hatte er vor einem halben Jahre in Paris begraben. Das Bäsle hat hier, durch die Rückführung Wolfgangs ins elterliche, nun der Mutter entbehrende Haus, der ganzen Familie einen Dienst getan. Sie ließ es sich offenbar nicht anmerken, wie schwer ihr dieser Dienst wurde.

Mit dem bitteren Abschied von Aloysia waren aber die «Weberischen» Erlebnisse Mozarts noch nicht abgetan. Nicht nur, daß er der ehemals Angebeteten, die inzwischen Frau Lange geworden war, wie-

*Joseph Lange und Aloysia, geb. Weber. Stich
von Daniel Berger nach Joseph Lange, 1785*

der begegnen sollte, sondern er wurde noch enger in die Schicksale
dieser Familie verstrickt. Das kam so:

Aloysia erhielt schon nach einem Jahr ihrer Tätigkeit an der Münchner Oper ein Engagement als Primadonna an das Hoftheater in Wien
(diese Berufung scheint ihr der Kriegsminister Graf Andreas Hadik
vermittelt zu haben). Ende September 1779 zogen die «Weberischen»
nach Wien. Einen Monat später, am 23. Oktober 1779, starb un-
erwartet der Vater, Fridolin Weber, an einem Schlaganfall; die Familie, die damals am Petersplatz wohnte, war nun ohne den Ernährer.
Cäcilie Weber, die Mutter, wußte durch Zimmervermieten und son-
stige Manipulationen sich Geld zu verdienen, so zum Beispiel aus der
Anstellung Aloysias und ihrer bevorstehenden Verheiratung Kapital
zu schlagen. Aloysias zukünftiger Mann, der Schauspieler Joseph Lange, mußte vor der Heirat den Vorschuß von 900 Gulden bezahlen, den
Aloysia vom Hoftheater erhalten hatte, ehe ihr Kontrakt in Kraft trat.
Aber nicht genug damit: er mußte sich in rechtsgültiger Form ver-

59

pflichten, der Mutter Cäcilie Weber ein lebenslängliches Jahresgehalt von 700 Gulden auszusetzen. Erst nach diesen Bedingungen — die er übrigens auch nach seiner späteren Trennung von Aloysia eingehalten hat — durfte er Aloysia Weber am 31. Oktober 1780 heiraten.

Diese Machenschaften verraten allzu deutlich, wie Cäcilie Weber «arbeitete»: die Begünstigung des Verhältnisses zwischen Aloysia und Wolfgang Amadé Mozart in Mannheim war nur ein kleiner Vorgeschmack für das gewesen, was den Liebhaber erneut in Wien erwartete. Nach seinem Bruch mit dem Salzburger Erzbischof im April 1781 war er ein stellen- und wohnungsloser, seinem Vater in Salzburg entfremdeter Junggeselle, dem in seiner ökonomischen Unerfahrenheit jeder häusliche Anschluß recht war: und die Mutter Weber war schlau genug, sich dieses Zimmermieters zu versichern.

Die Situation im Sommer 1781 in Wien hatte sich gegenüber dem Frühjahr 1778 in Mannheim verändert. Fridolin Weber war tot, Aloysia war zwar verheiratet, aber es waren noch drei weitere Töchter unterzubringen und die Mutter Weber zu ernähren. Mozart war ein willkommener Kandidat, bei dem es darum ging, ihn zu ködern und zahlungswillig zu machen. Daß er eine der «Weberischen» heiratete, war zwar als Effekt geplant, aber nicht so wichtig, als daß er zahlte.

Mozart wurde auf die unauffälligste, dabei raffinierteste Weise ins Garn gelockt. Eine kongeniale Begegnung, wie einst mit der verschwenderisch begabten Aloysia, kam mit Constanze nicht in Frage; zwar sang auch sie, aber es war im Vergleich mit der älteren Schwester so bescheiden, daß Wolfgang Amadé nach einigen Versuchen es zu ignorieren begann. Constanze war musikalisch nahezu ungebildet, mindestens weitgehend uninteressiert; wenn sie in den späteren Wiener Jahren ihren Mann antrieb, Fugen zu schreiben, so wußte er, wie inkohärent mit ihrem übrigen unmusikalischen Wesen eine solche Aufforderung war. Constanze wußte sich anders ins Licht zu setzen: durch kleine Aufmerksamkeiten, die seine Kleidung und Wäsche oder auch den Tisch des neuen Zimmerherrn betrafen. Sie wußte sich ihm bald nicht nur als gefällig, sondern als unentbehrlich zu erweisen. Sie spiegelte ihm das Idyll der Wohlversorgtheit im häuslichen Kreis vor, und als der Liebhaber Feuer fing, wurden die erotischen Fallschlingen ausgelegt: mit Lockung, Sprödigkeit und zielstrebiger Koketterie. Die Mutter, die das Komplott anführte, wußte Widerstände zu inszenieren, sie stachelte einerseits Constanze an, um dann wieder dem Liebhaber die nötigen retardierenden Momente zu bereiten. Wenn Mozart bislang ohne eine Frau ausgekommen war, hier, in diesem Zuhältermilieu, wurde das sexuelle Bedürfnis in meisterhafter Weise gezüchtet. Man merkt aus seinen Briefen, wie er nervös wird, wie er vibriert, wie er dem Vater schreibt, daß der Trieb in ihm nicht geringer spreche als in irgendeinem kräftigen Burschen, kurzum, es ist die wahre Domptur in Hinsicht auf das balzende, biedere, rein im

Constanze Mozart, geb. Weber. Ölbild von Joseph Lange, 1782

Sinnlichen aufgehende Eheglück. Mit Constanze Weber steigt Wolfgang, nachdem ihm die ideale, sinnlich-geistige Verbindung mit Aloysia mißglückt war, wieder herunter in niedrigere, nur sinnliche Bereiche des Eros: es ist, wenn man so will, ein Rückfall in die Bäsle-Praxis. Nicht ganz: jedoch steht die Sinnlichkeit so im Vordergrund, daß man geradezu von einer Hörigkeit sprechen muß. Mozart war, durch das überlegte Spiel von Mutter und Tochter, erotisch ganz nach deren Vorstellungen und Plänen geformt worden. Constanze war von Anfang an mehr Weibchen als die selbstbewußte, kühle und künstlerische Aloysia. Mit Koketterie, Schmollen, der richtigen Dosis von Gewähren und Versagen, durch die Schürung der Eifersucht des Liebhabers und viele andere Tricks wurde Mozart geradezu abgerichtet auf das Modell Constanze. Diese Entwicklung, in die er unversehens geriet, versuchte er zu beschönigen durch das Argument, daß er in Constanze — gegenüber Aloysia — die bessere von den Weberischen erringe; er wurde ferner bei der Ehre gepackt, was Cäcilie Weber bei ihm, dem aufrechten und rechtschaffenen Mann, über Erwarten gut gelang. Ohne daß er es gewahr wurde, war er in den Schein eines «Verhältnisses» gekommen, und es wurde ihm klar gemacht, daß nun der Ruf von Constanze gefährdet sei. Schließlich kam noch ein typischer Komplex dazu, wie er bei Männern, die sich mit niedrigeren Frauen abgeben, oft zu finden ist: da ihm bei aller Raffinesse des Vorgehens der kupplerischen Mutter deren schlechte Eigenschaften (Trunk- und Streitsucht, Faulheit) nicht verborgen bleiben konnten, flüchtete er sich in das Bewußtsein der Sendung, die gute Constanze vor ihrer Mutter und vor dem Untergang in diesem Milieu «retten» zu müssen.

Auch der Vater Mozart trug, obwohl er das Gegenteil beabsichtigte, dazu bei, diese Bindung zu festigen: es waren ihm Gerüchte von dieser Liaison bereits nach Salzburg hinterbracht worden, und er machte dem Sohn Vorhaltungen. Der Sohn leugnete zwar lange, zog aber von den «Weberischen» schließlich weg (Anfang September 1781 bezog er ein Zimmer am Graben Nr. 1175 — Nr. 8), was man als einen letzten Fluchtversuch deuten könnte, wenn er nicht auch nach diesem Wohnungswechsel die meiste Zeit bei den Weberischen verbracht hätte. Aber auch die Verdächtigung des Vaters ärgerte ihn, und er versuchte nun um so mehr, die angegriffene Familie in Schutz zu nehmen.

Dennoch wäre vielleicht Mozart nicht bis zur letzten Konsequenz, nämlich zur Heirat, zu bewegen gewesen, wenn nicht Cäcilie Weber noch einige Aktionen von besonderer Wirksamkeit unternommen hätte.

Sie zog in das Komplott noch den Vormund der zwei minderjährigen Töchter (Constanze und Sophie) mit ein. Es handelte sich dabei um den Rechnungsrevisor am K. K. National-Theater, Johann Thorwart (1737—1813), einen rücksichtslosen Mann, der als Lakai begonnen und sich zu einer einflußreichen Stellung hinaufgearbeitet hatte. Dieser Vormund und Cäcilie Weber ließen Mozart ein Schriftstück unterzeichnen, in dem er sich verpflichtete, in der Zeit von drei Jahren die Mademoiselle Weber zu ehelichen, andernfalls ihr ein Jahrgeld von 300 Gulden zu zahlen. Aber vielleicht hätte Mozart dieses Schriftstück nicht allzu ernst genommen — oder im schlimmsten Falle gezahlt (soweit er dazu imstande gewesen wäre), wenn nicht die Komö- ' die noch viel raffinierter weiter gesponnen worden wäre: Constanze zerriß nämlich, in glänzender Berechnung des Ehrgefühls ihres Liebhabers, das Dokument und sagte: «Lieber Mozart, ich brauche keine schriftliche Versicherung von Ihnen. Ich glaube Ihren Worten auch so.» Dieses Ereignis fand im Dezember 1781 statt. Mozart war von dieser Handlungsweise Constanzes entzückt, er schrieb darüber begeistert seinem Vater und merkte offenbar gar nicht, welch eine Komödie ihm vorgespielt wurde. Dennoch zögerte er immer noch. Vielleicht auch, weil er Proben von der Leichtfertigkeit seiner Geliebten bekam, der er im April des Jahres 1782 in einem Brief wegen ihres ungebührlichen Betragens mit anderen Männern gehörig die Leviten las. Es ist anzunehmen, daß dieser Brief der Mutter Weber in die Hand fiel und sie sich eine weitere wirksame Aktion überlegte. Sie förderte nun — wenn es nicht schon vorher der Fall war — Besuche Constanzes in der Wohnung des Liebhabers am Graben. Anläßlich eines solchen Besuches inszenierte sie eine großartige «Vorstadtfarce» (wie Schurig mit Recht sagt): sie ließ Mozart durch eine Magd der — Kuppeleien ebenfalls nicht abgeneigten — Baronin Waldstätten wissen, daß sie seine Geliebte bei ihm von der Polizei abholen lassen werde. Diese Erpressung, die die Ehre Constanzes wie auch Mozarts empfindlich getroffen und beide zum Gespött der Stadt gemacht hätte, schlug bei Mozart wie ein Volltreffer ein: Hals über Kopf, vor dem Eingang des wiederholt in flehenden Briefen erbetenen väterlichen Konsenses, heiratete er am 4. August 1782 Constanze Weber.

Wolfgang Amadé hatte nun also seine Constanze. Und Otto Erich Deutsch hat sicher recht, wenn er meint, daß Mozart mit ihr — im ganzen gesehen — recht zufrieden war. Das trifft für die körperliche Seite ihrer Beziehung vollkommen zu; auch Wolfgang Hildesheimer ist der Meinung, daß Constanze zu ihm gepaßt habe, da Haushalten auf keinem Gebiet seine Sache gewesen sei. Mozart hat Constanze, weit mehr als sie ihn, auch wirklich geliebt.

Um dieses erstaunliche Faktum zu begreifen, gilt es, in eine tiefere Schicht der Liebesfähigkeit Mozarts vorzudringen. Alles bisher Gesagte ist nämlich nur in einer vordergründigen Weise richtig. Er mag, als der unglückliche Liebhaber, der er war, primär nicht die «richtige» Frau gefunden haben; er mag sogar, aus Enttäuschung oder aus einem starken körperlichen Drang, der mehr sinnlichen Seite der Liebe zugeneigt gewesen sein. Und doch nur im Ansatz und zeitenweise, nie endgültig. Zu seinem Sexus gesellte sich nämlich, früher oder später (wenn nicht schon a priori), der Eros, zu der triebhaften Sinnlichkeit die seelische Liebe. Seine unerhörte, metaphysisch anmutende Liebesfähigkeit mit ihrem seelischen Eros adelte jede sinnliche Beziehung. So wurde auch aus seinem Verhältnis zu Constanze,

Mozarts Siegel auf dem Ehekontrakt (oben rechts)

wie immer es begonnen haben mochte, eine stets an Intensität zuneh-
mende, sich trotz aller Enttäuschungen erhaltende und mehrende, in-
nige, leiblich-seelische Liebe. Es blieb keine bloße Hörigkeit. Mozart
hat die erotische Falschmünzerei der Schwiegermutter (die wir unter-
stellen wollen) mit seiner reinen Liebe ausgelöst, er hat Constanze
in seinem Herzen den Platz eingeräumt, der Aloysia zugedacht war
(ohne in ihr, bewußt oder unbewußt, einen Ersatz für Aloysia zu
sehen). Dies ist sein letztes persönliches Geheimnis: alles, was er tut,
erhält das Signum seiner menschlichen, seiner geistig-seelischen Potenz. Seine Glut, seine Intensität, die vibrierende Verve seines Wesens verwandelten die Dinge. Es kann gar kein Zweifel sein, daß er
der Kupplerin Cäcilie Weber (die übrigens auch zu verstehen ist;
ihr Mann war zu seinen Lebzeiten ein armer Schlucker gewesen, und sie mußte zusehen, wie sie ihre Töchter verheiratete) ins
Garn ging. Aber viel wesentlicher ist, wie weit er die üblen Umstände dieser zuhälterischen Ausgangssituation hinter sich ließ: er wuchs
über sich und Constanze hinaus. Er liebte sie mit einer Anhänglichkeit, als wäre sie die beste Frau, die er hätte finden können. Seine Briefe an Constanze tun dies auf ergreifende und überzeugende Weise
dar; und wir, die postumen Leser, bedauern lediglich, daß er diese In-
nigkeit und Güte nicht an eine Würdigere gewendet hat. Damit ver-
kennen wir ihn aber: gerade diese Liebe ist seine großartigste Leistung. Und unter diesem Aspekt sieht auch die Beziehung zum Bäsle
anders aus: auch hier war nicht nur der sinnliche, sondern der ganze
Mozart beteiligt.

Erst wenn man dieses Liebesvermögen, diese unerhörte Liebesglut kennt, weiß man, daß Mozart (im Gegensatz zu Constanze) keine «Abenteuer» und keine «Episoden» kannte, auch wenn er noch andere Frauen, wie Josepha Duschek, Nancy Storace, Henriette Baranius, Frau Hofdemel geliebt haben sollte. Er gab sich in der Liebe so absolut und so rein wie in seiner Musik.

MOZARTS WELTBILD

Es ist nicht ganz leicht, sich von dem geistigen Habitus Mozarts, seiner Lebens- und Weltanschauung, seinen politischen Überzeugungen ein richtiges Bild zu machen. Mozart hat sich zwar in Briefen viel bekundet, aber fast alles, was er schrieb, ist dem Augenblick verhaftet, es ist nicht systematisch, höchstens episodisch und aphoristisch gemeint. Man soll also Mozart nicht zum Denker umdeuten: dazu lebte er viel zu spontan, zu unreflektiert, zu sinnenfreudig. Und dennoch hatte er einen eminent schnell funktionierenden Verstand und viel psychologischen Tiefblick; deshalb soll man seine Lebensweisheit nicht unterschätzen.

Mozart, wie wir ihn geschildert haben, scheint den Künstler par excellence, jenseits aller politischen Interessen und jeglicher politischen Betätigung, zu verkörpern: von seinem Werk besessen, dabei naiv und unbewußt seiner Schöpferkraft anheimgegeben, alles um sich herum vergessend oder nur als Kulisse seines künstlerischen Daseins wahrnehmend. Wie ein Traumwandelnder scheint er nicht nur durch die Länder Mitteleuropas, sondern auch durch die Realität der Welt zu schreiten: fröhlich, witzig und verträglich (bis auf gelegentliche Exzesse seiner scharfen Zunge), den Genüssen des Leibes mit Maß hingegeben, ein leidenschaftlicher Tänzer und Gesellschafter, auch kein Eigenbrötler und Spintisierer, sondern ein handfester Mann bei allen schöpferischen Absenzen. Man findet in seinen Briefen keine Landschaftsschilderungen und Begeisterungsausbrüche über die schöne Natur (diese Gepflogenheit beginnt erst mit Wilhelm Heinse, dem nahezu gleichaltrigen barocken Vorläufer der Romantik), auch selten längere Ausführungen über politische Ereignisse; aber auch keine Abhandlungen über schöpferische Akte und keine musikästhetischen Essays, aber gelegentlich glänzende musiktheoretische Aphorismen. Mozart ist eben insgesamt noch nicht zersplittert in schöpferisches Tun einerseits und in Nachdenken über seine schöpferische

Produktion andererseits. Er ist, bei aller Prägnanz seines Wesens, obgleich er offenbar viel gelesen hat, kein Literat und kein Ästhet und kein Musikphilosoph: er verkörpert eine seltsame Mischung von unmittelbarem, dabei manchmal weltfremd anmutendem Leben und intuitivem, alles andere vergessendem Schaffen. Dennoch ist auch er von der besonderen politischen Umwelt seiner Epoche geprägt worden.

Als er geboren wurde, begann der Siebenjährige Krieg, die zweite Phase in dem großen Ringen zwischen Preußen und Österreich um die Führung im mitteleuropäischen Raum; schon bei Mozarts erster Reise nach Wien war dieser Kampf zu Ungunsten Maria Theresias entschieden. Und als er starb, war das feudale, königliche Frankreich des «Ancien régime» bereits durch die konstituierende Nationalversammlung gestürzt. Die Königin Marie Antoinette (der er als Kind einen Heiratsantrag gemacht hatte) stieg 1793 mit ihrem Gemahl, Ludwig XVI., aufs Schafott; der Kampf des revolutionären Frankreich gegen das konservative Europa stand vor dem Ausbruch. Die deutschen Fürstenhöfe wurden davon aber, solange Mozart lebte, nicht berührt; ihre Hofkapellen waren bis weit ins 19. Jahrhundert hinein für einen komponierenden Musikus die begehrteste Möglichkeit adäquaten Wirkens. Trotz seiner starken Abneigung gegen den erzbischöflichen Hof in Salzburg, wo ihm eine Möglichkeit eigener Entfaltung versagt war, suchte Mozart unablässig, ja, mit Inbrunst nach einer Lebensstellung als Kapellmeister und Komponist an einem größeren Fürstenhof: bei Karl Theodor von der Pfalz, beim Kurfürsten von Bayern, bei Karl Eugen, dem Herzog von Württemberg, am französischen Hof, beim Generalgouverneur der damals noch österreichischen Lombardei, Graf Firmian, beim Großherzog von Toskana, und an kleineren, wenn auch in der Musikpflege bedeutenden Höfen (Thurn und Taxis, Öttingen-Wallerstein, Fürstenberg u. a.). Es ist nicht ohne innere Konsequenz, daß ihm, der den Dienst bei Colloredo quittierte, keine andere Anstellung an einem größeren Fürstenhof gelingen wollte: bis er schließlich im Jahre 1787 «Kammer-Kompositeur» des Kaisers Joseph II. — wenn auch mit ungenügendem Gehalt — wurde. Und es ist keine Frage, daß er zum Kaiser eine besondere Treue hegte, auch wenn die Berichte, er habe ein Angebot des preußischen Königs Friedrich Wilhelm wegen seiner Anhänglichkeit an den Kaiser ausgeschlagen, erfunden sind. Wie dem auch sei: sicher ist, daß er im Kaiser, trotz der nur sehr bedingten, mehr als lauen Förderung, die er von ihm und seinem Nachfolger Leopold II. erfuhr, etwas Höheres und Größeres sah als in all den Fürsten, bei denen er vergeblich um eine Anstellung nachgesucht hatte. Es war, wie Srbik mit Recht bemerkt, die Anhänglichkeit an das sich auflösende Römische Reich Deutscher Nation, die in Mozarts Verhältnis zum Kaiser mitschwang. Und so sind auch seine verschiedenen Äußerungen über das *Teutsche* zu verstehen. Seine deutschen Bestrebungen galten ja vor allem dem Singspiel, der deutschsprachigen Oper und dem Kampf gegen die Vorherrschaft italienischer

Künstler und der italienischen Sprache. Darüber hinaus aber klingt darin ein Nationalgefühl auf, das nicht nationalistisch ist, sondern die Weite und den Umfang des «deutschrömischen» Reiches meint. Dieses recht verstandene Nationalgefühl ist das Pendant zu seiner kosmopolitischen, allein schon durch die Beherrschung der französischen, italienischen und — unvollkommen — der englischen Sprache bedingten Weitherzigkeit und Weltoffenheit. Mozart war ein gebildeter Europäer deutscher Herkunft; wobei vielleicht wichtig ist, darauf hinzuweisen, daß Salzburg damals noch selbständig, also nicht österreichisch, und Mozart auch kein Österreicher war; ferner, daß Leopold II. im Jahre 1790 in Frankfurt zum Kaiser gekrönt wurde, eben noch im Zeichen des Heiligen Römischen Reiches Deutscher Nation. Es ist bemerkenswert, daß Mozart mit seinem Versuch, diesen vertraut gewordenen politischen Raum

Joseph II. Stich v. Friedrich John nach Friedrich Heinrich Füger

zu verlassen, kein Glück hatte: seine Reise nach England, die im Jahre 1786 schon vorbereitet war, scheiterte an der Weigerung Leopold Mozarts, die Enkelkinder, auch nicht gegen Bezahlung, aufzunehmen; darin zeigt sich wieder einmal Leopolds Aversion gegen Constanze. Denn Nannerls Sohn Leopold, dessen Taufpate er war, nahm er bereitwillig bei sich auf, und er erzog das Kind wie ein eigenes. Diesem Umstand ist es vielleicht zuzuschreiben, daß Mozart nicht Engländer wurde (was ihm nicht schwer gefallen wäre, denn er hatte eine ausgesprochene Vorliebe für England, nicht aber für Frankreich), wie vor ihm Händel, und daß er gehindert wurde, die Ehren vorweg zu nehmen, die einige Jahre später seinem großen Freund Joseph Haydn dort bereitet wurden.

Mozarts Söhne Karl und Wolfgang.
Ölgemälde v. Hans Hansen, um 1798

Als schließlich Mozart das kaiserliche Anstellungsdekret im Jahre
1787 in Händen hatte, war von einer Stellungssuche in einem anderen Land keine Rede mehr; die ehrenvollen Angebote und Aufträge
aber, die — als es zu spät war — aus Holland und Ungarn kurz nach
seinem Tod bei seiner Witwe eingingen, wären nicht daran gebunden
gewesen, daß er Wien verlassen hätte.

Die religiös-weltanschaulichen Überzeugungen Mozarts lassen sich
auch ohne größere Konfessionen von seiner Seite gut überblicken. Er
war und blieb Katholik, wobei eine wesentliche Wandlung vom Or-
thodoxen zum Freisinnigen hin in seinen letzten Jahren festzustellen
ist. Der Vater Leopold Mozart, der ihn auch im Religiösen streng
erzog, blieb kirchlich gebundener als sein Sohn; dabei entschlüpfte

auch Leopold Mozart manches böse Wort gegen die «Pfaffen». Seinem kritischen Sinn entgingen viele Mißstände nicht, auch neigte er bedenklich dem aufklärerischen Rationalismus zu; dennoch blieb er kirchengläubig, wie er autoritätshörig blieb und seinen Sohn Wolfgang nicht verstehen konnte, der einem weltlich-geistlichen Fürsten den Dienst aufsagte, die alte Lehenstradition durchbrach und dafür die Ungewißheit des Künstlerlebens ohne eine feste Anstellung auf sich nahm.

Mozart hatte zwar einen echten religiösen Sinn, aber er bezeugte in der Ausübung seiner kirchlichen Pflichten eine gewisse Lässigkeit. Immer wieder ermahnt ihn der Vater brieflich zu Beichte und Gottesdienst und zweifelt, ob sein Sohn es an nichts fehlen lasse. Wolf-

Georg Nikolaus Nissen. Ölbild.
von Ferdinand Jagemann, 1809

gang Amadé setzt sich gegen diesen Verdacht immer wieder zur Wehr, und man merkt, wie lästig und manchmal ehrenrührig ihm diese Aufsicht vorkommen will. Auch wenn er seinen Vater beruhigt, hat der Leser keinen Zweifel, daß ihm die religiöse Gesinnung wichtiger ist als die starre Einhaltung gewisser kirchlicher Vorschriften. Geradezu begeistert schreibt er lediglich in seiner Verlobungszeit von den gemeinsamen Beichten und dem Messehören mit Constanze. Hier wird man aber einmal ein Meisterstück Cäcilie Webers, die erotische Lockung mit Bigotterie zu kuppeln, wittern dürfen, andererseits auch einen Versuch Wolfgang Amadés, den streng katholischen Vater, der von den Weberischen nichts wissen wollte, wenigstens religiös zufriedenzustellen, um seine Zustimmung zur Ehe leichter zu erringen. Nach dem Tode des Vaters aber scheint weder von Constanze ein entscheidender religiöser Impuls gekommen zu sein (bigott — und geizig — wurde sie erst in ihrem Alter), noch aber scheint sich Mozart viel um kirchliche Angelegenheiten gekümmert zu haben. (Immerhin nahm er noch am 26. Juni 1791 an der Fronleichnamsprozession der Piaristen-Kirche teil.) Bei seiner Todeskrankheit wollte aber kein Geistlicher seiner Pfarrgemeinde St. Peter kommen und ihm die Sterbesakramente reichen; Sophie Haibl, seine Schwägerin, berichtete in einem Brief vom 7. April 1825 an G. N. Nissen, welche Mühe es gekostet habe, einen «solchen geistlichen Unmenschen» zum Kommen zu bewegen. Seine gleichzeitige Zugehörigkeit zu den Freimaurern kann schwerlich der ausschließliche Grund für die abweisende Haltung der geistlichen Herren gewesen sein, denn damals waren auch Priester, ja, selbst hohe geistliche Würdenträger, zugleich Maurer; vielleicht aber hatte die Pfarrherren seiner Gemeinde die enthusiastische Art seines Maurertums, die ihn der Kirche gegenüber gleichgültig gemacht hatte, befremdet.

Aber dazu müssen wir etwas weiter ausholen. Die beiden Mozart sind zwar erst in Wien Freimaurer geworden, aber diese Beziehung ist durch lange Jahre vorbereitet. Hier wären zu nennen die verwandten «Illuminaten», zu denen Vater und Sohn bereits in Salzburg gewisse Konnexe hatten, ohne freilich Mitglieder dieses Ordens zu sein. Wolfgang Amadé Mozart wurde am 14. Dezember 1784 in die Loge «Zur Wohltätigkeit» aufgenommen (die Loge «Zur wahren Eintracht» war dafür delegiert worden; nach der von Joseph II. veranlaßten Reduzierung und Zentralisierung der Wiener Logen wurde die «Wohltätigkeit» am 14. Januar 1786 mit zwei anderen zur «Neugekrönten Hoffnung» vereinigt). Die noch erhaltenen Logenprotokolle, die im Wiener Staatsarchiv aufbewahrt werden, verzeichnen einen häufigen Besuch Mozarts in der Loge. Am 7. Januar 1785 wurde er in den zweiten Grad, bald darauf (noch Anfang des Jahres 1785) zum Meister befördert. Am 6. April 1787 wurde Leopold Mozart, den der Sohn ebenfalls zum Eintritt in die Loge bewogen hatte, zum Gesellen, und am 22. April 1787 bereits zum Meister befördert. Diese auch auf den Vater übergehende Kraft seiner Begeisterung beweist die innere Anteilnahme und Überzeugung, mit der er dem Maurertum angehörte, dessen Lehre für ihn religiöse Bedeutung bekam. Je älter Mozart wurde, um so weniger ging es ihm um das Jenseits und die Erwartung einer Welt nach dem Tode, sondern darum: den Tod ins Diesseits einzubauen und das Menschliche in Ethos und Kult zu pflegen. Nicht Gnade und Erlösung, sondern Weisheit und Güte, brüderliche, menschliche Gesinnung untereinander, ein mit Würde vom Todesgedanken her gelebtes Leben: dies waren die Ideale, nach denen er zu leben versuchte. In diesem Streben ist nicht nur eine gewisse Abkehr von der Heilslehre der Kirche zu erblicken, sondern auch eine Reaktion gegen den — musikfeindlichen — Rationalismus der Enzyklopädisten, der sich auch in die christliche Lehre einschlich und mancherorts nahe daran war, eine nicht nur gottferne, sondern amusische Weltordnung aufzurichten. Daß alle Menschen einander in dieser humanen Weise begegneten, war zunächst noch nicht zu erwarten; aber in einem beschränkten Kreis, in dem alle einander in aristokratischer Weise gleich waren, mußte es möglich sein, daß die Menschen einander freundlich und brüderlich begegneten, der Weisheit nachstrebten, an die Weltordnung des Guten, das vom Bösen nur vorübergehend verdunkelt wird, unerschütterlich glaubten, das Gute durch Akte der Wohltätigkeit tatkräftig förderten, den Suchenden schrittweise in die Grade der Einweihung und des Adeptentums einführten. Diese Provinz der Humanität war das Ideal, dem Mozart (ganz abgesehen von möglichen politischen Zielen der Freimaurer) in seinen letzten Lebensjahren nacheiferte. Er hatte zur Genüge erlebt, wie wenig die christliche Lehre in der Praxis den Alltag der Menschen «humanisierte». Das Starre, der Vernunft Unzugängliche des Dogmas entfremdete ihn seiner Kirche. Er war nicht leichtfertig genug, diese Skrupel zu ignorieren, und nicht geschult genug, mit ihnen ganz fertig zu werden. Er blieb in seinen überkommenen Glauben eingebettet, aber weder der theologische Gehalt noch der Kult befriedigten ihn.

Am Ritus stieß ihn die fehlende Feierlichkeit, die Nachlässigkeit der kirchlichen Musikpflege und die stumpfe, unbegeisterte Konfessionsübung der breiten Masse ab. Ferner haben ihn menschliche Not, Enttäuschung, Krankheit und sein frühes Wissen um den Tod dem Bund der Freimaurer angenähert, deren — mit ernster Musik durchwirkte — Zeremonien ihn in ihrer würdigen Gemessenheit und Feierlichkeit tief beeindruckten.

Der Gedanke an den Tod hat in seinem Leben und Denken einen breiten Raum eingenommen. Sein abgeklärtes Verhältnis zum Sterbenmüssen erinnert an die Gedanken der römischen Stoa; und es ist nicht der Freimaurerorden allein gewesen, der ihn zu diesem vertrauten Verhältnis mit dem Tode befähigte. Schon beim Tod der Mutter — und sie war der erste Mensch, den er sterben sah! — fällt auf, wie schnell er sich mit diesem mächtigen Gegenspieler des Lebens abfindet, ja, beinahe befreundet.

Titelblatt der «Maurerrede» auf Mozarts Tod von Karl Friedrich Hensler

MAURERREDE
AUF
MOZARTS TOD.

VORGELESEN
BEY EINER
MEISTERAUFNAHME
IN DER
SEHR EHRW. ST. JOH. ☐
ZUR
GEKRÖNTEN HOFFNUNG
IM ORIENT VON WIEN
VOM
B^dr. H . . . . r.

WIEN,
GEDRUCKT BEYM BR. IGNAZ ALBERTI.

1792.

Schon als Zweiundzwanzigjähriger erkennt er die Realität des Todes an, beugt sich ihr, und findet — bei allem Schmerz — Worte der Gefaßtheit und des Trostes, die für einen Menschen in diesem Alter ungewöhnlich sind.

Dennoch darf man vielleicht sagen: beim Tod der Mutter fühlte er sich noch nicht persönlich betroffen — er bezog ihn noch nicht auf sein eigenes Leben. Dies traf aber zu, als seine Freunde Barisani, von Hatzfeld und sein Vater alle im gleichen Jahre 1787 starben. Inzwischen war die Beschäftigung mit seinem eigenen Tod ihm ein vertrauter Gedanke geworden, wie der berühmte Brief an den Vater (vom 4. April 1787, acht Wochen vor dessen Tod) lehrt, der ebenso Mozarts natürliche Affinität zum Sterben, wie die Lehre der Freimaurer widerspiegelt.

Diesen Augenblick höre ich eine Nachricht, die mich sehr niederschlägt, um so mehr, als ich aus Ihren letzten (Briefen) vermuten konnte, daß Sie sich gottlob recht wohl befinden. Nun höre ich aber, daß Sie wirklich krank seien! Wie sehnlich ich einer tröstenden Nachricht von Ihnen entgegensehe, brauche ich Ihnen doch wohl nicht zu sagen; und ich hoffe es auch gewiß, obwohl ich es mir zur Gewohnheit gemacht habe, mir immer in allen Dingen das Schlimmste vorzustellen. Da der Tod (genau zu nehmen) der wahre Endzweck unseres Lebens ist, so habe ich mich seit ein paar Jahren mit diesem wahren, besten Freunde des Menschen so bekannt gemacht, daß sein Bild nicht allein nichts Schreckendes mehr für mich hat, sondern recht viel Beruhigendes und Tröstendes! Und ich danke meinem Gott, daß er mir das Glück vergönnt, mir die Gelegenheit (Sie verstehen mich) zu verschaffen, ihn als den Schlüssel zu unserer wahren Glückseligkeit kennen zu lernen. Ich lege mich nie zu Bette ohne zu bedenken, daß ich vielleicht (so jung als ich bin) den anderen Tag nicht mehr sein werde — und es wird kein Mensch von allen, die mich kennen, sagen können, daß ich im Umgange mürrisch oder traurig wäre — und für diese Glückseligkeit danke ich alle Tage meinem Schöpfer und wünsche sie vom Herzen jedem meiner Mitmenschen.

Wer jedoch mit einunddreißig Jahren diese reife, mit dem Tode lebende Abgeklärtheit aufweist, zeigt aber gleichzeitig, daß er nicht in rein platonischem Gedankenbezug den Tod als das jedem Menschen drohende Ende anerkennt, sondern daß er bereits diesen seinen eigenen Tod in sich spürt, ihn vorausahnt und sein Leben vom Tode her lebt. So darf man mit Fug sagen: es war nicht nur die Weisheit eines Frühvollendeten, sondern die Ahnung eines bereits vom Tod Gezeichneten. Mozart wußte um seinen frühen Tod, weil er chronisch krank war.

Die jüngste Medizingeschichte hat sich bemüht, Licht in Mozarts Todeskrankheit zu bringen (in metaphysischem Sinne ist es freilich unerheblich, an welcher Krankheit Mozart starb, das wissen auch die Ärzte; aber nicht irrelevant ist, ob er einen natürlichen oder gewaltsamen Tod fand). Es ist nicht länger zweifelhaft, daß Mozart an einer Nierenkrankheit starb. Sie hatte wohl chronischen Charakter und ließe sich als Folge häufiger, zum Teil unausgeheilter Infekte seiner auf Konzertreisen verbrachten Jugendjahre zwanglos erklären.[1] An ein akutes, durch eine absichtliche Vergiftung herbeigeführtes Nierenversagen zu glauben, will einem nüchternen Prüfer der — allerdings ungenügend — überlieferten Symptomatologie und der bekannten geschichtlichen Fakten schwer fallen. Es fehlt der Täter: die Loge oder Salieri (der übrigens kein Freimaurer war) kommen nicht in Betracht. Wer soll es sonst gewesen sein? Übrigens ist der von Constanze überlieferte Ausspruch Mozarts *Gewiß, man hat mir Gift gegeben* kaum so wörtlich zu nehmen; und selbst, wenn Mozart an eine Vergiftung geglaubt hätte, wäre auch diese depressive Verstimmung, die seine letzten Lebensjahre häufig überschattet und bis zu Wahnideen geführt hat, von der Nierenkrankheit her (sekundäre Schrumpfniere) gut verständlich. Mozart sah ja auch im Boten des Grafen Walsegg, des Requiem-Bestellers, einen Abgesandten aus dem Jenseits, der ihm den Auftrag überbringe, seine eigene Totenmesse zu schreiben. Niemand nimmt heute diese wahnhafte Verzerrung mehr ernst — jeder ordnet sie in seine Krankheit ein; warum sollte es mit der Vergiftungsangst nicht genauso sein?

Zudem melden sich noch andere Bedenken an. Constanze hat erst viel später — annähernd — begriffen, wer ihr erster Mann eigentlich war. Ihrem Schuldgefühl kam das Gerücht der Vergiftung ganz gelegen, das sie, wie so vieles andere, in den Mozart-Mythos eingebaut hat. In den fünf Jahrzehnten, die sie Mozart überlebte, hat sie nicht nur Briefe vernichtet, sondern auch ihr oder ihrer Familie Abträgliches, auch Freimaurerisches, unterschlagen und so aktiv zur Entstehung eines gefälschten Mozart-Bildes beigetragen, das sie selber in ein gutes Licht stellen sollte. Die Materialsammlung der — erst nach dessen Tod erschienenen — Mozart-Biographie von G. N. Nissen (das «von» Nissen war eine eigenmächtige Zutat Constanzes) hat sie gesteuert. Wenn also die beiden Novello im Jahre 1829 auch bei Constanze wieder auf das Gerücht der Vergiftung stoßen, so ist dies nicht verwunderlich: es ist System gewordener Mozart-Mythos.

Viel stärker als alle diese Argumente spricht aber Mozarts Musik gegen die Annahme, sein Werk sei aus voller Gesundheit plötzlich abgebrochen worden (denn gerade das behaupten die Anhänger der Vergiftungstheorie, da eine langsame, allmähliche Vergiftung ohnedies nicht in Frage kommt). Dieser Aspekt würde Mozart, seiner menschlichen Entwicklung wie auch seiner in den letzten Jahren entscheidend verwandelten Musik, die letzte und größte Dimension nehmen. Seine Wiener Jahre von etwa 1785 bis 1791 sind eine erschütternde Metamorphose: von einem kurzen Triumph in den großen Klavierkonzerten, mit denen er das Wiener Publikum eroberte, bis zu der verklärten, aller musikalischen Machtentfaltung entsagenden

---

1 Näheres ist zu entnehmen der Monographie von A. Greither: «Wolfgang Amadé Mozart. Seine Leidensgeschichte, an Briefen und Dokumenten dargestellt». Verlag Lambert Schneider, Heidelberg 1958.

Antonio Salieri. Stich von Johann Gottfried Scheffner

Tonsprache, die nichts anderes ist als die schon Jahre vor seinem wirklichen Tod vollzogene Resignation und Einwilligung in sein frühes Ende. Unterstellt man Mozart eine robuste Gesundheit und einen jähen, unerwarteten und unnatürlichen Tod, dann raubt man seinem Werk die eigentliche Transzendenz. Das soll nicht heißen, daß der todeskranke Mozart eine kranke Musik geschrieben habe: vielmehr, daß er, der seinen Körper als todgeweihtes, gebrechliches Instrument kannte, in seiner letzten Schau Grenzen hinter sich ließ, die dem gesunden Sterblichen zu überschreiten von jeher verwehrt gewesen ist. Die letzte Einfachheit, Sparsamkeit und von allem wirkungsvollen Beiwerk befreite Tonsprache Mozarts ist von einer übernatürlichen Schönheit, die den Tod bereits überwunden und der Kunst das Siegel des Dauerhaften, Unvergänglichen aufgedrückt und sie in das Blickfeld der Ewigkeit gerückt hat. Indem Mozart den Tod in sich spürte, ihn annahm und ihn in gläubiger Resignation in sein Werk integrierte, hat er uns Kunde gebracht von einem Reich, in dem der schwerelose Geist in absoluter Schönheit zu uns Sterblichen spricht.

DIE MUSIKALISCHE UMWELT

Betrachtet man Wolfgang Amadé Mozart aus dem Blickwinkel seiner musikalischen Umwelt und der ihm zuteil gewordenen musikalischen Erziehung, so bleibt es unfaßlich, wie souverän der junge Genius die Vielfalt der auf ihn einstürmenden Eindrücke zu einer eigenen Aussage zu assimilieren verstand. Seine Laufbahn ist nicht nur beispiellos an frühen Erfolgen, sondern noch mehr an gemeisterten Gefahren, denen — bei aller gutgemeinten und gelehrten Führung des Vaters — jede Begabung geringeren Formats hoffnungslos erlegen wäre.

Vielleicht wären seine Erfolge als Wunderkind noch größer gewesen, wenn er sich im mechanisch Eingelernten, in der musikalischen Domptur, erschöpft hätte: so aber brach bereits aus den stupenden Kaskaden eines frühen Virtuosentums der Blitzstrahl eigener, unvergänglicher Kraft. Diese schon im Knaben hörbare Eigenstimme erschreckte nicht nur die staunenden Zuhörer, die in den Ausbrüchen der schlummernden Schöpferkraft das rein mechanisch geläufige Phänomen Wunderkind nicht mehr begriffen, sondern es bedeutete zugleich auch für ihn selber die Rettung vor der Verwandlung in eine musikalische Marionette.

Mit einem an spätere technische Zeitalter gemahnenden Tempo drangen die Eindrücke auf ihn ein: in Salzburg, im Alter von drei bis sechs Jahren, die Werke der einheimischen Meister Anton Cajetan Adlgasser, Johann Ernst Eberlin, Michael Haydn und Leopold Mozart, sowie, als Klavieranweisung, Stücke anderer, auch norddeutscher Komponisten, soweit sie Vater Mozart für die Unterweisung geeignet erschienen (Karl Heinrich Graun, Johann Friedrich Reichardt, Johann Joachim Quantz, Christian Friedrich Daniel Schubart, wohl auch einiges wenige von Johann Sebastian Bach und seinen Söhnen). Auf seiner ersten großen europäischen Reise, noch als Knabe, lernte er zahlreiche Komponisten kennen. Nicht nur lebende: in der damaligen Wertung gab es nämlich keine alte oder neue Musik, sondern nur eine gespielte, noch gültige, und eine vergessene oder überlebte; Johann Sebastian Bach aber war damals über den mitteldeutschen Raum hinaus nur wenig und nur in einem Bruchteil seines großen Werkes bekannt. In Ludwigsburg begegnete er 1763 Jomelli, im gleichen Jahre nahm sich in Paris Johann Schobert seiner an; Mozart lernte Werke u. a. von Lully, Monsigny, Philidor kennen. In London führte ihn 1763/64 sein Mentor Johann Christopher Smith (1712–1795) in Werke von Händel ein, ferner wurde ihm.Johann Christian Bach (1735–1782), der «galante» oder auch der «Mailänder» Bach genannt, väterlicher Freund und wichtiges Vorbild. Auch mit Werken von Karl Friedrich Abel (1725–1787), einem Schüler Johann Sebastian Bachs, wurde er vertraut. Bald darauf wurde er in Wien mit Kompositionen von Karl Georg Reutter d. J. (der auch einer der Lehrer Joseph Haydns war) und Georg Christoph Wagenseil, vor allem aber mit der Kirchenmusik der Italiener bekannt. Wahrscheinlich begegnete er hier bereits den grundlegenden Werken von Fux, Johann Philipp Kirnberger und Johann Jakob Froberger.

Nun ist er aber schon zwölf Jahre alt, und er beginnt bei aller Anlehnung an überlieferte Formen seine Eigenart zu zeigen, wie etwa in der *Waisenhaus-Messe* [1], die in aller wienerisch-neapolitanischen Manier starke individuelle Züge trägt (vor allem im Credo das chorische «Crucifixus» und im Sanctus die litaneiartige Gegenüber-

---

[1] Hier sei unterstellt, daß die neuerdings übliche Identifizierung von KV 139 mit der lange vermißten *Waisenhaus-Messe* richtig sei. O. E. Deutsch freilich bleibt skeptisch.

stellung von je zwei Takten Solo und je zwei Takten Chor mit Aus-
komponierung des ganzen Benedictus-Textes). Das gilt auch für das
deutsche Singspiel *Bastien und Bastienne*, das formal keineswegs eine
revolutionäre Tat ist (Mozart war zeitlebens kein Revolutionär),
aber doch so viel Eigenständigkeit, musikalische Substanz und dramatisches Gewicht aufweist wie kein anderes Schäferspiel seiner Zeit.

Voller Eindrücke waren
die drei Reisen nach Italien,
dem gelobten Land aller
Musiker, die in Deutsch-
land zu Ruhm und Lebens-
stellung gelangen wollten.
Doch schon für diese Zeit
ist schwer zu entscheiden,
ob das Studium italieni-
scher Komponisten oder
das eigene Schaffen in seiner musikalischen Arbeit
überwog. Hier in Italien
zeigt sich jedoch deutlich
ein Umstand, der bei der
Beurteilung von Mozarts
«leichter» Kompositions-
weise oft übersehen wird,
obgleich er selber mehr-
fach darauf hingewiesen
hat: seine schnelle Auf-
fassungsgabe ersparte ihm
den Schweiß angestrengter,
harter Arbeit nicht. Zwar
hatte der Knabe mit seinen
Kompositionen bald über-
all Erfolg und wurde mit
Ehren überhäuft, aber es
fiel ihm nicht alles in den
Schoß. Die Klausurarbeit
in Bologna, deren Bestehen
den Vierzehnjährigen zum
Mitglied der berühmten
Philharmonischen Gesell-
schaft machte, ging viel-
leicht tatsächlich in einer
dreiviertel Stunde vonstat-
ten («meno d'un' ora» heißt
es im Protokoll): aber der
kleine Wolfgang schwitzte
gehörig hinter seinem Kontrapunkt, der dann auch

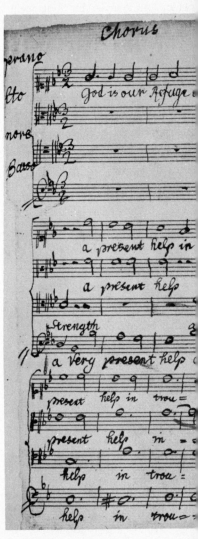

noch voller Fehler war, trotz des vorausgegangenen sorgfältigen Unterrichts bei Padre Martini, dem italienischen Meister im Kontrapunkt.
    Es ist so tröstlich zu erfahren, daß auch Mozart nur ein Mensch

Aus der Motette «God is our Refuge» (KV 20)

Giovanni Battista Sammartini. Ölbild

war, und daß ihm manches sauer wurde. Dennoch besaß er ein beispielloses, komplizierte Engramme wörtlich bewahrendes Gedächtnis, wie die Niederschrift des sorgsam gehüteten sechzehnstimmigen Miserere von Allegri in der Sixtinischen Kapelle beweist. Immerhin: auch hier korrigierte der Knabe beim zweiten Hören die Niederschrift und es hat — da unseres Wissens diese Niederschrift Mozarts nicht erhalten ist — noch niemand untersuchen können, wie weit sich Original und die nach zweimaligem Hören festgehaltene Kopie unterscheiden.

In Oper, festlicher Bühnenmusik und Oratorium ahmte der junge Mozart in Italien die zahllosen Vorbilder nach, die zum Teil selbst keine Italiener waren: Anfossi, Caldára, Calzabigi, Galuppi, Hasse, Piccini, Sammartini und viele andere. Jede Form der Oper bleibt zeitlebens sein Steckenpferd; es ist sicher, daß er schon in Italien den Grund zu der umfassenden Kenntnis der einschlägigen Literatur legte, die er in seinen Wiener Jahren, sowohl was die Libretti als auch die Partituren anlangt, geradezu souverän beherrschte.

In Italien hatte Wolfgang Amadé außer mit dem Problem der Oper — vor allem der Opera seria und der Serenata teatrale — mit den Gattungen der Sinfonie, der Sonate, des Streichquartetts gerungen. Was das letztere betrifft, so erlebte er in Wien das stärkste, fast übermächtig zu nennende Trauma. Er lernte dort Haydns Streichquartette op. 17 und op. 20 (letztere sind die sog. Sonnenquartette) kennen, und es ist kein Zweifel, daß er mit diesem Vorbild erst viele Jahre später fertig wurde. In keinem seiner Werke ist der Abstand zwischen einem damals noch unerreichbaren Vorbild und der von ihm induzierten, eigenen Komposition größer. Man betrachte Haydns Quartette op. 17 und op. 20 und Mozarts Wiener Streichquartette KV 168 bis 173 (1773).

In der folgenden Salzburger Zeit tritt aber Mozarts Meisterschaft, wenn auch in anderen Gattungen, klar zu Tage: vor allem im Violin-Konzert und in seinen bürgerlich-galanten Serenaden, Divertimenti und sonstigen Unterhaltungsmusiken. Die Synthese von italienischer Kantabilität und jener Bestimmtheit und Gerafftheit der Aussage, bei der Form und Inhalt so ideal übereinstimmen, ist bereits da.

Die zweite große europäische Reise formt den jungen Meister nicht nur menschlich, sondern auch musikalisch in entscheidender Weise. In Augsburg wird er mit Werken von Johann Friedrich Edelmann (1749–1794), einem in Straßburg wirkenden Mannheimer, bekannt, ferner lernt er Paganelli kennen, den auch Leopold Mozart sehr schätzt. In Mannheim warten große Eindrücke auf ihn: der neue Orchesterstil, den Johann Stamitz und Christian Cannabich (als Dirigenten) ausgebaut haben, sowie zahlreiche Komponisten der Mannheimer Schule: Ignaz Holzbauer, Franz Xaver Richter, Georg Ludwig Winter, die in ihren Werken

Padre Giambattista Martini. Ölbild

heute nur bedingt zu trennenden Johann und Carl Stamitz, der — mehr als Klavier- und Orgelvirtuose bekannte — Abbé Georg Joseph Vogler. Ferner lernt Mozart Werke von Nicht-Mannheimern kennen und schätzen: von Anton Schweitzer und vor allem Georg Benda, dessen Melodram (die Verbindung von gesprochenem Rezitativ mit einer auskomponierten Orchesterbegleitung) ihn eine Zeitlang (nämlich bei der Komposition der Fragment gebliebenen *Zaïde*) stark beschäftigte. Mit dem Mannheimer Orchester, das damals als das berühmteste in Europa galt, machte er nähere Bekanntschaft; er bewunderte die Kraft und Präzision der Streicher (das Crescendo und Decrescendo in einer großen Streichergruppe mit allein über 20 Primgeigen kam einer Naturgewalt gleich), er lernte die großartige Wirkung der Klarinette (im ripieno und im Solo) lieben, und er wurde mit einzelnen Solisten, vor allem Bläsern (dem Flötisten Wendling, dem Oboisten Ramm, dem Fagottisten Ritter) näher befreundet; die *Concertante Sinfonie* für vier Bläser und Orchester (KV 297 b = Anh. 9) schrieb er im April 1778 in Paris für

Christian Cannabich. Stich von Egid Verhelst, 1779

seine dort konzertierenden Mannheimer Freunde und den Hornisten
Punto.

Die Eindrücke, die er in Mannheim empfing, waren stärker als die
folgenden in Paris, wo er, liebeskrank und mutterlos, dazu von manchen beruflichen Fehlschlägen enttäuscht, eigentlich etwas neben dem
musikalischen Leben der Metropole dahinlebte. Der Streit um die
Opernreform, der um die Exponenten der beiden Lager Piccini und
Gluck entbrannt war, schien ihn kaum zu berühren; erst zwei Jahre
später zeigt sich in *Idomeneo*, dessen Chöre er im französischen Geschmack komponiert, wie sehr er in Paris von diesen Problemen doch
erfaßt worden war.

Zieht man das Resümee aus dieser großen Reise, so gilt, was auch für die restlichen dreizehn Jahre seines kurzen Lebens bemerkenswert bleibt: mehr als durch äußere Einflüsse und die Vorbilder anderer wird Mozarts musikalische Reifung durch ihn selber, seine Erlebnisse und menschlichen Erfahrungen, d. h. durch seinen Genius bestimmt.

Auch in der Wiener Zeit sollte ihm noch manche schicksalhafte Begegnung oder Entdeckung zuteil werden: das Schaffen Johann Sebastian Bachs, die Oratorien Händels und erneut die Streichquartette Joseph Haydns. An Bachs Fugenkunst entzündete sich sogar die gewiß nicht allzu musikverständige Constanze; und von Hän-

Johann Baptist Wendling.
Miniatur auf Pergament

del hat Wolfgang Amadé Mozart im Auftrag Gottfried van Swietens ganze Oratorien neu — und erregend — orchestriert und sie bei den Sonntag-Musiken der von diesem etwas steifen und geizigen Gönner gegründeten «Musicalischen Cavalirs-Gesellschaft» dirigiert. Und doch finden diese markanten musikalischen Erlebnisse der Wiener Zeit keinen Niederschlag von der Art in Mozarts Werk, daß die geradlinige Entwicklung seines immer mehr vom Tagesgeschmack sich entfernenden Schaffens dadurch nur irgendwie unterbrochen oder abgelenkt worden wäre. Die Fuge: sie stand am Anfang seiner Lehre, und in dem frühen Wiener Streichquartett KV 173, in dem er vergeblich dem großen Vorbild Haydn nacheiferte, steht als Schlußsatz eine Fuge von einer Kühnheit der thematischen und harmonischen Erfindung, daß man kaum glauben kann, diese Fuge sei ohne die

KV 173, 1773
4. Satz

81

Paul Wranitzky

gründliche Kenntnis des großen Thomaskantors komponiert. Und doch ist es so; die späte wirkliche Begegnung mit Bachs Werken ist für Mozart nur noch eine Bestätigung, sie wirft ihn nicht mehr aus der Bahn, wie es das Erlebnis der Streichquartette Haydns im Jahre 1773 beinahe getan hätte. Auch mit Haydn wird er nun, in seiner reifen Wiener Zeit, «fertig»: die seinem großen Vorbild gewidmeten Streichquartette (KV 387, 421, 428, 458, 464 und 465) sind denen Haydns ebenbürtig.

Joseph Haydn wurde der Mozart am ehesten kongeniale und nächststehende unter den Komponisten. Er war ihm, bei aller Anhänglichkeit und Liebe, ein distanzierter, nicht-vertrauter Freund; Mozarts Ehrfurcht nannte ihn Vater. Von dem vierundzwanzig Jahre Älteren, der ihn dennoch um achtzehn Jahre überlebte, lernte er Quartette zu schreiben. Dafür ist Haydn in mancher Hinsicht (in der Sinfonie, in der Oper, im Oratorium) ein Schüler, ja ein Epigone Mozarts.

Auch Beethoven ist als Siebzehnjähriger Mozart begegnet; er hat zwischen dem 7. und 20. April 1787 einige Stunden Unterricht bei Mozart genommen. Mozart hat dem vor ihm improvisierenden, finster-leidenschaftlichen jungen Mann eine große Zukunft vorausgesagt. Beethoven aber hat den Genius Mozart in seiner Universalität wohl nie begriffen. Er sollte ihn jedoch, wenigstens auf einem Gebiet, nämlich in der Aussage seiner abstrakt-übersinnlichen späten Streichquartette, auf seine Weise übertreffen.

Auch in Wien hat Mozart das zeitgenössische Schaffen aufmerksam verfolgt; manche Komponisten schätzte er: so Dittersdorf, Wranitzky, Reicha, auch Rosetti (der als Böhme Franz Anton Rößler geheißen hatte); andere wieder vermochten ihm keinen tiefen Respekt abzugewinnen, auch wenn er ihre Werke genau kannte: Antonio Salieri, sein Vorgesetzter und intriganter Gegenspieler, Wenzel Müller, Vincenzo Righini und viele andere.

Das Problem der musikalischen Einflüsse auf Mozart ist im einzelnen kaum entwirrbar. Wyzewa und Saint-Foix haben sich die Mühe gemacht, von jedem Werk nicht nur die genaue Entstehungszeit, sondern auch die Einflüsse und Abhängigkeiten sorgfältig zu bestimmen. Das ist ein zwar verdienstvolles, aber nur bedingt aufschlußreiches Beginnen. Mozart hat Einflüsse entweder — als wesensfremd — völlig abgestoßen oder sie — als wesensverwandt — so vollständig, nämlich schöpferisch, assimiliert, daß sie den Anlaß oder das «Original» weit hinter sich lassen. Mozart hat nie kopiert, nie wörtlich übernommen: alles ist durch das Feuer seiner schöpferischen Kraft, und wenn es sich auch nur um entscheidende kleine Änderungen handelte, zu einem neuen Gedanken umgeglüht worden. Das gilt in höchstem Maß für seine reifen Werke. Und bei den frühen, den zur Übung noch «abgeschriebenen», findet sich ein anderes Signum seines Genius: in aller wörtlichen Übernahme ein neuer Duktus oder eine veränderte Kan-

Gottfried van Swieten.
Stich von Mansfeld nach
J. C. de Lakner

tabilität, eine aus konventionellen Floskeln plötzlich aufleuchtende Prägnanz, die schwer zu beschreiben ist, die aber doch unverwechselbar auf Mozart hinweist.

Und noch ein weiteres kommt bei Mozart hinzu: man merkt seinen Werken, die oft unter erbärmlichen äußeren Verhältnissen, in drückender Not geschrieben wurden, den biographischen Hintergrund kaum einmal an. Er benutzte eine Komposition nie dazu, um ein menschlich wichtiges Erlebnis festzuhalten oder ein überwältigendes abzureagieren. Kein anderer Schöpfer — außer Johann Sebastian Bach — war «objektiver» in seinem Werk. Das schließt aber nicht aus, daß auch in Mozarts Kompositionen der Zusammenhang mit seiner Lebenslinie, vor allem mit seiner menschlichen und geistigen Entwicklung, in einer gewissen Weise erkennbar bleibt. Nicht nur in dem Sinn, daß z. B. *Bastien und Bastienne* zum zwölfjährigen Mozart und *Die Zauberflöte* zum sechsunddreißigjährigen, vom Tod gezeichneten Mozart gehören, sondern auch in der Art, daß sich der Charakter mancher Kompositionen von besonderen Erlebnissen — ausnahmsweise — ablesen läßt. Das gilt am stärksten für die Werke des Spätfrühjahrs 1787, das ihm schwere Erlebnisse bescherte: die Abreise der ersten «Susanne», Nancy Storace, den Tod seines gleichaltrigen Freundes von Hatzfeld und die Todeskrankheit und den Tod des Vaters. Den Abschiedsschmerz um Nancy Storace begrub er — als intimstes Zeugnis seines Kummers und als einzigartige musika-

Joseph Haydn. Stich von Johann Ernst Mansfeld, 1781

lische Konfession — in KV 505: *Ch'io mi scordi di te* mit obligatem Klaviersolo. Die Arie war für die Freundin, der Klavierpart für ihn selber geschrieben und dieser Zwiegesang zwischen Sopran und Klavier ist vielleicht die ergreifendste Werbung (und in der Werbung: der gleichzeitige Verzicht) des liebenden Mozart. Der Tod des Freundes und die schwere Todeskrankheit des Vaters finden ihren Niederschlag in den beiden *Streichquintetten C-dur* KV 515 und *g-moll* KV 516; das letztere, todesnahe, ist indessen bereits vollendet, als den Komponisten die Nachricht vom Tode des Vaters erreicht. Und nach dessen Tod schlägt seine Muse ins Komödiantische um: *Ein musikalischer Spaß* (KV 522) ist sechzehn Tage später vollendet.

Daraus mag man erneut entnehmen, welche Erschütterung in Mozart vor sich gegangen sein muß, als der zwar kritisch gesehene, aber immer noch abgöttisch geliebte Vater starb. Es ist gleichsam, als wäre dadurch dem Sohn das stärkste Band, das ihn an die Welt der Menschen fesselte, abgerissen; Constanze war ihm zwar leiblich nahe, aber sie am wenigsten konnte den auch nach seinem Tode noch übermächtigen Vater ersetzen.

VON DEN MUSIKALISCHEN MITTELN

Es ist unmöglich, die große Kunst Mozarts durch Analyse des Technischen zu «erklären». Dafür ist die Mischung von Bewußt und Unbewußt, die traumwandlerische Sicherheit seines Könnens, der eigengesetzliche Flug seines Genius zu gewaltig. Und doch: wenn man sich gewisse Besonderheiten und Gepflogenheiten seiner kompositorischen Arbeit vergegenwärtigt, gewinnt das Verständnis, auch wenn man dabei, im letzten Sinne, nichts «erklärt»; um also dem Verständnis seiner Musik näher zu kommen, seien einige Auffälligkeiten des Handwerklichen bei Mozart (das freilich auch immer ein Geistiges ist) aufgezeigt.

THEMA UND THEMATISCHE ARBEIT

Es wurde bereits erwähnt, daß Mozarts Ausdrucksmittel und Schreibweise alles andere als revolutionär waren. Seine Bindung an die Konvention und seine Beschränkung im technischen Rüstzeug ist wesentlich stärker ausgeprägt als etwa bei Haydn, dem man mit dem verniedlichenden Epitheton «Papa» unberechtigterweise eine Bravheit und Traditionstreue andichtet, die er viel weniger hatte als der in den Mitteln konventionelle und sparsame Mozart. Allein der — später noch in gewisse Einzelheiten auszuspinnende — Vergleich der verwendeten Tonarten zeigt, daß sich Mozart viel stärker als Haydn auf einige wenige Tonarten beschränkte: nur ganz selten findet man bei ihm mehr als drei Versetzungszeichen. E-dur und As-dur sind das äußerste, was er in der Kreuz- und in der B-Skala dem Spieler zumutet, wobei die parallelen Moll-Tonarten um so sparsamer gebraucht werden, je mehr Versetzungszeichen es sind. Seine Haupttonarten sind C-Dur, G-Dur, D-Dur, A-Dur, F-Dur, B-Dur, Es-Dur. Die wichtigste Molltonart ist g-moll. Bei Haydn indessen sind Tonarten wie f-moll, H-Dur, Fis-Dur oder cis-moll durchaus keine Seltenheiten; Haydn bewegt sich viel freier und meist länger modulierend zwischen den Tonarten als Mozart, bei dem die harmonischen Übergänge kurz und fast selbstverständlich sind (dabei aber viel kühner und erregender als die — oft lange die Grund-Tonart verlassenden — Haydns).

Der Vergleich mit Haydn ist aber noch in anderer Weise lehrreich. Joseph Haydn hat den musikalischen Stil seiner Vorläufer, der Vorklassiker, auf seine Weise rationalisiert. Die Vorklassiker hatten den alten, strengen Instrumentalstil, der aus dem Geist der Fuge erwachsen war, um des «Ausdrucks» und der dramatischen Wirkung der Musik willen aufgelöst; der Basso continuo war abgeschafft und die Polyphonie vereinfacht worden; die durch den Kontrapunkt bestimmte Akkordfolge war durch eine «freiere» Harmonik, durch die Bevorzugung des vertikalen Elements vor der horizontalen Linie ersetzt worden. Nachdem aber die musikalische Entwicklung nicht mehr durch die strengen Gesetze des Kontrapunkts und der Polyphonie geregelt war, stellte der Drang nach «Ausdruck» und Dramatik die in der alten Schreibweise sich gegenseitig überlagernden und damit weitgehend kaschierten Themen (1. und 2. Thema der Sonatenform) einander offen und auf Wirkung bedacht gegenüber. Aber dabei blieb es nicht; die wahllose Aneinanderreihung von Themen und thematischen Bruchstücken lockerte die ehemals strenge Form willkürlich, wenn auch immer noch wohltönend auf. Dies war der Preis, den die Revolution des neu entdeckten sinfonischen Stils zwischen 1740 und 1760 für den neu gewonnenen «Ausdruck» im

Orchesterklang bezahlte. Dieser neue Orchesterstil wurde von mehreren Zentren her geprägt, am nachhaltigsten aber von Mannheim mit seinen böhmischen Musikanten. Die Einflüsse der Wiener Schule (Georg Matthias Monn) und der norddeutschen mit Wilhelm Friedemann und Philipp Emanuel Bach darf man nicht überschätzen. Monn und die genannten Bach-Söhne sind eine Entdeckung unserer Tage, von Monn wurde zu seinen Lebzeiten kein einziges Werk gedruckt, während die Mannheimer schon damals in der ganzen westlichen Welt aufgeführt wurden (wobei der lukrativste Aufführungsort Paris, und zwar im Rahmen der Concerts spirituels war). Johann Christian Bach aber, auch damals schon viel gespielt, galt in seinem Stil als Italiener, als «Mailänder», wie Giovanni Battista Sammartini, dessen Einfluß wohl auch viel stärker war als der der Wiener und der Norddeutschen.

Haydns Bedeutung für die Fortführung des neuen sinfonischen Stils bestand in seiner besonderen Methode des kompositorischen und dabei erdnahen und naturhaften Rationalismus. Er begriff nämlich als erster die schöpferische Reserve eines Themas. Sein Kunstgriff, der ebenso für bäurische Ökonomie wie für eine geniale Schau spricht, war der: die Gefahr des Gefühlsüberschwangs, die durch die verlassene kompositorische Logik der Fuge entstanden war, durch eine andere, sehr einfache, thema-eigene innere Logik zu bannen. Das neue Vorgehen ergibt sich aus der Abwandlungsfähigkeit des gewählten Themas; durch Intervall-Veränderung (wobei kleinere Intervalle als bei den großen, interpolierten Sprüngen der kontrapunktischen Methode angewendet werden), Umkehrung, Wiederholung auf einer anderen Stufe und rhythmische Variation (meist·nur einzelne Takte oder Phrasenanteile betreffend) entsteht eine neue Ordnung, die die Willkür bloßer zusammenhangloser Aneinanderreihung vermeidet. Haydn ist vielleicht der erste, der mit dem Wissen um die immanente Ökonomie und Nutzbarkeit einer musikalischen Phrase «komponiert»: er führt die Entwicklung aus innerer Logizität des Themas fort, ohne sie freilich bis zur Monomanie, zur Unfruchtbarkeit oder gar zur Willkür eines seriellen Verwandlungsspiels fortzusetzen. Er mutiert so geschmackvoll, daß es zunächst nicht das genießende Ohr, sondern nur das analysierende Auge bemerkt; da es aber die gleiche musikalische Substanz bleibt, stellt sich beim Hörer der Eindruck einer ungemeinen Bodenständigkeit ein, die ja gleichzeitig das vitale und das geistige Fundament Joseph Haydns ist. Der Anklang an die ursprüngliche Form wird indessen dem geschulteren Ohr deutlich, und so entsteht als Ergebnis dieses Kompositionsverfahrens der schöne Effekt, daß man (wieder) hört, was man bereits (in verwandter Form) gehört hat. Oder um es noch anders zu formulieren: durch seine hochentwickelte Kunst der Mutation macht es Haydn seinem Hörer leicht, indem er ihn schrittweise führt und durch eben diese Stützen der Mutation hilft, die augenblickliche akustische Wahrnehmung mit dem zuvor Gehörten zu verknüpfen. Das Entscheidende dieser Kompositionstechnik ist, daß bei aller rhythmischen und gestaltlichen Abwandlung eines Themas das Wesentliche, seine Ur-Substanz, erhalten bleibt.

Mozart hat dieses Verfahren Haydns instinktiv erkannt und es auch — wenigstens zeitweise, zuerst der Übung halber — nachgearbeitet, z. B. bei der Komposition seiner sechs Joseph Haydn gewidmeten Streichquartette. Er nennt diese Quartette das Ergebnis einer *langen und erschöpfenden Anstrengung*. Dies deshalb, weil er zwar intuitiv die geniale Ökonomie dieses Verfahrens begriff und es sofort anzuwenden verstand, andererseits aber spürte, daß es seinem Naturell nicht eigentlich angemessen war.

Für Mozart war das Studium der Haydnschen

Mozart, Silhouette. Gestochen v. Hieronymus Löschenkohl, 1785

Kompositionstechnik sehr lehrreich und ein wichtiger Schritt für seine spätere, freie thematische Arbeit. Aber begonnen hat Mozart ganz anders, seine Grundtendenz blieb — bei aller Kunst seiner späteren Satzweise und Harmonik — ganz verschieden von derjenigen Haydns.

Mozarts Schreibweise war nämlich intuitiv und verschwenderisch zugleich. Haydn komponierte mit rationalistischer Abschätzung der Ergiebigkeit eines Themas; er wandelte ein Thema mitunter so lange ab, bis es seinen Ansprüchen an die Mutationsfähigkeit genügte. Mozart aber fielen die Themen intuitiv ein, und wenn er sie verließ oder verwarf, so nicht eigentlich wegen ihrer dürftigen «seriellen» Ausbeute: sondern deshalb, weil ihn Duktus und Kantilene, kurz ihr musikalischer Rang, ihr ästhetischer Wert und ihre Schönheit nicht befriedigten.

Waren es bei Haydn eine unerhörte Ökonomie der Mittel und höchste musikalische Potenz, die ihm zum Erfolg verhalfen und seine Werke heute noch als Musterbeispiele solider, allgemein verständlicher und jedes Ohr befriedigender Kompositionskunst erscheinen lassen, so bei Mozart ein überquellender, geradezu unerschöpflicher Reichtum der Erfindungsgabe, hoher, ja unfehlbarer Geschmack, Prägnanz der Aussage und eine nie wieder erreichte Anmut und Grazie des Melodischen, die keine «Längen» kennt, sondern durch ihre nicht weiter komprimierbare Kürze bezaubert. Mozart hat die verschwenderische Fülle seiner Einfälle durch die geraffte Form, in der er sie darbietet, ausgeglichen; beim Hörer entsteht der Eindruck eines Überflusses, der jedoch nie erdrückt oder verwirrt, sondern immer beglückt, weil der Reichtum der schönsten musikalischen Gedanken sich mit der höchsten geistigen Zucht vereint, weil ferner auch die musikalischen Mittel mit der größten, nicht weiter reduzierbaren Sparsamkeit (nicht Ärmlichkeit!) verwendet werden. So stellt sich beim Hören Mozartscher Musik der Eindruck nicht nur des ausgesucht Schönen ein, sondern dieses Schöne ist ebenso zwingend wie spirituell zugleich.

Schon in seinen frühesten Werken zeichnet sich, bei noch dürftiger Erfindung, sein Formensinn ab. Wählen wir einige Beispiele, die auch ein wenig Einblick in seine Kompositionsgesetze gestatten.

Mozart liebt es, eine erste, kurze, meist nur zwei Takte lange Phrase zu wiederholen, sei es auf der gleichen, oder auf der folgenden oder einer noch höheren Tonstufe; dann aber, im 5. Takt, setzt, meist unter Beibehaltung des Grundschemas, eine kleine rhythmische oder tonale Variante ein, die wiederum von einer im Rhythmus beruhigten Phrase fortgesetzt oder, wenn der Grundgedanke ruhig war, von schnellen Figuren abgelöst wird. Nehmen wir als Beispiel den Anfang des *Duetto Nr. 8* (Andante) aus einem sehr frühen Werk, *Apoll und Hyacinth,* von Mozart mit zehneinhalb Jahren geschrieben (Erstaufführung am 13. Mai 1767 in der großen Aula der Universität in Salzburg). Die interessanten ersten zwölf Takte findet der Leser auf S. 89.

Die erste Phrase (Takt 1 und 2) wiederholt sich in Takt 3 und 4; in den Takten 5 und 6 folgt eine rhythmische Zuspitzung des Gedankens, die in Takt 7 und 8 auf der gleichen Stufe wiederholt wird; das tonale Gerüst des Gedankens wird dabei gewahrt. Dieser rhythmischen Akzentuierung folgt dann eine beruhigende, chromatisch absteigende Phrase, die in Takt 11 und 12 weiter absteigt, aber den Rhythmus von Takt 1 und 2 (in der ersten Hälfte des 12. Taktes leicht variiert) wieder aufnimmt.

Hier zeigt also der zehnjährige Knabe wohl instinktiv bereits die Fähigkeit,

Apoll und Hyacinth, Duetto Nr. 8 Andante

auf völlig konventioneller Grundlage eine kurze musikalische Phrase zu verwandeln — mit einem unerhörten Sinn für rhythmische Steigerung und für die beruhigende Wirkung eines sanften chromatischen Abstiegs:

«Così fan tutte». 2. Akt, Arie des Guglielmo

Als ein weiteres Beispiel für die Ausbeutung einer kleinen Phrase möge der Beginn der Ouvertüre (Mozart nennt sie *Overtura*, gemeint ist eine Sinfonie italienischen Stils) zu *Betulia liberata* dienen (geschrieben im Sommer 1771 in Salzburg).

Betulia liberata, Overtura

Hier ist die Keimzelle ein Gedanke von der Länge eines Taktes. Der 2. Takt ist die wörtliche Wiederholung, im 3. Takt wird der Intervall-Sprung vergrößert und die durch ihn erzeugte Spannung in der ruhigen Figur des 4. Taktes abgefangen, die auf eine Wiederholung der ganzen Phrase, auf der nächst höheren Tonstufe in Takt 5 hinleitet. Takt 5, 6, 7 ist analog zu Takt 1, 2, 3; die ruhige Figur von Takt 4 wird in Takt 8 durch ihre absteigende Tendenz noch unauffälliger gestaltet, weil der 9. Takt ein spannungsgeladener Übergang zu einem neuen Gedanken ist, der in Takt 10 einsetzt.

Diese *Overtura* zeigt noch eine weitere Besonderheit: zwischen den Ecksätzen, dem Allegro und dem Presto, besteht nicht nur eine thematische Ähnlichkeit, wie F. Tagliavini[1] sagt, sondern eine weitgehende Identität:

Allegro

Presto   *Betulia liberata, Overtura*

Der Kern, die musikalische Substanz beider Themen ist identisch; die geringe Veränderung im Intervall-Sprung in Takt 3 und im Ab-

---

1 Vorwort zu *Betulia liberata*, Neue Mozart-Ausgabe (I/4/2) 1960, Bärenreiter-Verlag.

lauf der Phrasierung des 4. Taktes sind eine genaue Analogie zum Verfahren Haydns.

Es möge (an Stelle von vielen) noch ein einziges Beispiel aus seiner Knabenzeit folgen, in dem er nicht nach dem Prinzip der Variation der Keimzelle vorging, sondern mehrere Gedanken aneinandergereiht hat, wobei freilich sowohl die Grazie der Kantilene, als auch der Sinn für Abwechslung in den Notenwerten bereits einen sicheren Instinkt verraten.

Die ersten zehn Takte der Arie Nr. 21 (Allegro moderato) aus *Ascanio in Alba* (August/September 1771 in Mailand komponiert) lauten:

Ascanio in Alba, Anfang der Arie Nr. 21

Als Einleitung zu einer Arie zeigen sie natürlich in besonderer Weise dramatisches Gepräge; es ist sehr reizvoll zu sehen, wie dem sehr melodischen Beginn (die ersten zweieinhalb Takte) ein scharfer rhythmischer Gedanke folgt, in dem Achtelnoten, punktierte Viertel, Sechzehntel, aber auch halbe Noten einander abwechseln, wobei in Takt 7 Synkopen (bei kleinen Tonintervallen) angewendet werden, und in Takt 8 und 9 die aus vielen Einzelelementen zusammengesetzte, dazu wiederholte Phrase nach einem ersten Abschluß in Takt 10 strebt.

Wählen wir, um die Kantabilität seiner Themen zu erweisen, ein Beispiel aus dem ersten Wiener Jahr, als er sich bereits heftig mit Haydns Technik auseinandersetzte, wie gleich noch zu zeigen sein wird. Im folgenden Beispiel freilich wirkt kein Vorbild Haydns, sondern es ist ein ursprünglich-melodischer Einfall Mozarts.

Das 1. Thema seines *Hornkonzertes* KV 412 (komponiert in Wien 1782) lautet:

Hornkonzert KV 412 Erster Satz, 1. Thema

Auch dieses Thema ist «zusammengesetzt»: die Phrase der Takte 1 und 2 wird in Takt 3 und 4 auf der nächst höheren Stufe wiederholt, dabei abgewandelt. Was in Takt 5—8 folgt, ist nichts anderes als eine «logische» Fortführung des bisherigen Duktus, der so zwingend ist, daß man das ganze achttaktige Thema nicht als zusammengesetzt empfindet, sondern als eine einzige notwendige Folge von höchster Kantabilität. Dabei sind es einfache, den Naturtönen des Horns entsprechende Intervalle, und auch die fließende Weichheit ist dem Horn angepaßt. Mozart wurde also durch die Beschränkungen eines Instruments (das schlagendste Beispiel ist die Glasharmonika) nie behindert, sondern er nützte die Eigenheiten jedes Instruments aus, schrieb jedem «auf den Leib». Es gab bei ihm keinen abstrakten melodischen Einfall, sondern jeder formte sich von den Gegebenheiten und Besonderheiten der Stimme oder des Instruments und durch den Charakter des zu komponierenden Stücks.

Übrigens hat Mozart im zweiten Satz dieses gleichen (ausnahmsweise nur zweisätzigen) Hornkonzerts einen reizenden Instrumentalwitz angebracht, wie P. Engelbert Grau kürzlich gezeigt hat (Acta Mozartiana 1961, Heft 1): es ist dies die Verwendung einer «Lamentatio», und zwar der gregorianischen Melodie zu den berühmten «Lamentationes Jeremiae Prophetae». Ignaz Leitgeb, der ehemalige Salzburger Hornist und spätere Wiener Käsehändler, war ohnedies für Mozart der Anlaß fortgesetzter Hänselei und spaßhafter Beschimpfung, die sogar ins Autograph dieses Konzertes eingegangen ist. Daß er den Solisten unbemerkt «lamentieren» ließ, ist ein köstlicher, echt Mozartscher Einfall.

Aber nun zu dem Streichquartett, das auf das Sinnfälligste dartut, wie sehr Mozart die kompositorischen Raffinessen Haydns studiert und begriffen hat. Es handelt sich um das fünfte in der berühmten, Joseph Haydn gewidmeten Serie von sechs Streichquartetten, KV 464 in A-dur, das im Januar 1785 in Wien entstanden ist. In ihm treibt Mozart die thematische Arbeit so weit, daß sich das gesamte musikalische Material aus nur wenigen Ausgangsgedanken ableiten läßt, die wiederum auch untereinander eine nahe Verwandtschaft zeigen. Man könnte sagen, daß Mozart hier seine Gepflogenheit eines reichen melodischen Flusses verlassen und durch das Prinzip der ökonomischen Ergiebigkeit eines oder einiger weniger «Motiv-Themen»[1] ersetzt habe. Zwar hat er auch hier, im Gegensatz zu Haydn, an dem Prinzip zweier Themen festgehalten, aber, durch die Verwandtschaft der Themen untereinander, dieses Prinzip nahezu aufgehoben.

---

1 Dieser Begriff, der von Erich Klockow in seiner ausgezeichneten Studie «Mozarts Streichquartett in A-dur» (Mozart-Jahrbuch, 3. Jahrgang, 1929) dem «Melodie-Thema» gegenübergestellt wurde, trifft das Wesen der Sache nicht genau. Beide Begriffe decken sich übrigens nicht mit dem von Wilhelm Fischer entwickelten Unterschied zwischen Lied- und Fortspinnungstypus.

Der ergiebigste Gedanke ist das 1. Thema des ersten Satzes. Es bestreitet nicht nur den ganzen ersten Satz weitgehend (einschließlich des 2. Themas), sondern auch, in Teilmotiven, das Menuett und überwiegend auch das Finale. Es wird zu zeigen sein, wie Mozart hier mit den Mitteln der Erweiterung und Zusammenziehung, der Umkehr und der Verschmelzung arbeitet. Wie kaum ein anderes Werk gestattet es Einblick in sein kompositorisches Schaffen.

Das 1. Thema des ersten Satzes lautet:

Streichquartett KV 464

Bewundernswert ist die Modulation, die in eine absteigende Linie mündet, dann der entschlossene Aufstieg mit den vier punktierten Vierteln; dieses Thema ist im Duktus, im Unterschied der einzelnen Notenwerte, in der Entsprechung von Auf und Ab ausgewogen und vollendet schön, und dazu besitzt es, wie gleich zu zeigen sein wird, eine nicht zu übertreffende schöpferische Reserve.

Aber zunächst wird es, in hergebrachter Weise, auf einer anderen, diesmal auf der nächst niederen Stufe, wörtlich wiederholt:

Dann folgt, als Teil davon, eine Fassung (*a*), die sich selbständig neben der längeren Phrase behauptet:

und sofort (*b*), einen Ton höher wiederholt (und chromatisch abgewandelt).

Eine andere chromatische Abwandlung wird später in einem kleinen Melodiefragment zum 2. Thema verselbständigt; dieses Motiv wird wichtig für den Schlußsatz:

Takt 41   *Takt 47*

Besieht man sich aber den 1. Takt des 1. Themas (unseres Ausgangsthemas) genauer, so ist er nichts anderes als die markante Wiederholung des Auftaktes e" und die daran anschließende Abwandlung der diesem Auftakt benachbarten Töne (ganz im Sinn der thematischen Arbeit Haydns):

nach oben ausholend:

nach unten absteigend:

und nach unten absteigend:

nach unten ausholend:

Es fehlt nur noch der Aufstieg; auch er kommt noch dazu als wundervoller rhythmischer Kontrast in Viertelnoten:

Die drei den Ausgangston umspielenden Achtel haben schon verkappten Triolencharakter; es ist naheliegend, das gleiche Spiel der drei oben skizzierten Möglichkeiten auch in Triolenform zu bringen, wobei die Abfolge und harmonische Variation von Mozart bis ins letzte ausgenutzt wird:

oder

oder

usw.

Eine neue Möglichkeit, den Teilgedanken des 1. Allegro-Themas, wie er im 1. Takt ausgesprochen wird, auf die überraschendste Weise fortzuspinnen, ergibt sich durch Vergrößerung der Intervalle (Sprünge) und rhythmische Verschiebung, die mit einem fugierten Einsatz der Stimmen verknüpft wird:

Das Spiel mit diesem Gedanken wird, durch geringe Modulationen — und eine in den entscheidenden Schritten schweigende Begleitung — geradezu zauberhaft:

Das 1. und 2. Motiv des Menuetts[1] sind aus dem musikalischen Material des ersten Satzes gewonnen. Das 1. Motiv:

ist eine Zusammenziehung aus:

gleichzeitig stellt es aber eine tonale Erweiterung des 2. Themas des ersten Satzes dar:

---

1 In der Partitur (Eulenburgs Taschenpartitur) steht das Menuett richtig (wenn auch gegen die Gewohnheit) als zweiter Satz, in den Peters-Stimmen aber fälschlich als dritter Satz, also nach dem Andante.

Das 2. Motiv des Menuetts:

ist aus den ersten beiden Takten des Allegro-Anfangsthemas (der musikalischen Urzelle des ganzen Quartetts) zusammengezogen:

Die Analogie reicht sogar bis in die Wiederholung: auch dieses geraffte Motiv wird dann nämlich, wie das originale Thema auch, einen Ton tiefer wiederholt.

Etwas freier gestaltet ist das Trio des Menuetts, obgleich auch sein Thema sich auf bekanntes Material zurückführen läßt. Diese Analyse ist schon ziemlich kompliziert, und wir wollen uns hier darauf beschränken, auf die Verwandtschaft zwischen dem Trio und der Mittelmelodie des Finale, sowie auf einige besonders sinnfällige Analogien zu dem thematischen Material des ersten Satzes hinzuweisen.

Die Melodie des Trios beginnt mit einer ausgehaltenen Note, im 2. Takt folgt eine dynamische Anschwellung mit der (aus dem ersten Satz) bekannten Modulation um einen Ausgangston, der sich zu einem fast explosiven Höhepunkt im 3. Takt steigert. In der sich daran anschließenden Beruhigung ist der Beginn des Finale erkennbar:

Finale

Der Kenner vermag in der gesamten Trio-Melodie die übrigen «Umspielungen» und die bekannten chromatischen Schritte zu erkennen, die hier freilich durch längere Verhaltungen wie auch durch explosive Akzente bereichert sind: durch diese vorwiegend dynamische Verarbeitung ist das bekannte Material so weitgehend verändert worden, daß es der Hörer zunächst nicht wiedererkennt.

Der dritte Satz, das Andante, ist dem Menuett stark verpflichtet (auch daraus ergibt sich, daß das Menuett dem Andante vorangehen muß): nach einem ausholenden Auftakt erscheint das 1. Menuett-Motiv in rhythmischer Veränderung:

Andante   *Menuett*

Aus den Umkehrungen des Menuettmotivs ergibt sich die Fortsetzung des Andante-Themas:

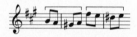

Auch im weiteren Verlauf des Andante-Themas findet sich das bekannte Material, vor allem in den «Umspielungen» und chromatischen Abfolgen, die aus dem 1. Allegro-Thema geläufig sind:

Das Andante ist ein Variations-Satz. Mozart hat die Sparsamkeit des thematischen Ausgangsmaterials durch das freie Spiel der Variation wettgemacht: mit einem Reichtum der schöpferischen Verwandlung, die das gegebene musikalische Material noch einmal verdichtet und sich zugleich von aller thematischen Fessel in freiem Fluge der Gedanken, in der geistvollsten Weise loslöst.

Das Material des vierten Satzes ist uns bereits bekannt; gerade die beiden Ecksätze sind thematisch besonders innig miteinander verknüpft. Das 1. Motiv

ist das chromatische 2. Thema des ersten Satzes, nur ab- statt aufsteigend verwendet:

gleichzeitig ist es mit dem 2. Motiv des Menuetts fast identisch:

Das 2. Motiv des Finale ist eine Verschmelzung von folgenden Motivteilen des Allegro-Themas:

Finale

Allegro

Diese beiden Motive werden nun mit einer sich beinahe überschlagenden Fröhlichkeit verwendet: sie lösen einander ab, gehen ineinander über, kontrastieren miteinander, wobei sich besonders das zweite durch rhythmische, vorwiegend synkopische Verschiebung als wahrer Zauberball erweist:

Wie ein Kobold geistert dieser spritzige, auf den höchsten spirituellen Rang erhobene thematische Einfall durch die Stimmen, alterniert von der chromatischen Figur, die in der 1. Geige zu Ganzton- und Halbtonnoten gedehnt, dabei von den Baßinstrumenten unterstützt und in der liebenswürdigsten Weise von der zweiten Geige in harmonisch kühnen Achtelläufen umspielt wird (Takte 122 bis 136).

Wohl in keiner anderen Komposition hat Mozart die thematische, um nicht zu sagen die «serielle» Arbeit weiter getrieben als in diesem *Streichquartett* KV 464, das aus nur wenigen thematischen Keimzellen besteht, die aber so ergiebig sind, daß sich durch die Mittel der Umkehrung, der Erweiterung und Verkleinerung, der Interpolation neuer oder auch bekannter Elemente, der rhythmischen und tonalen Verschiebung ein geradezu unbegrenzter Reichtum ergibt. Dazu kommt die besondere Beglückung, die der Hörer, wenn auch nicht bewußt, dadurch erfährt, daß alles Material aufeinander bezogen und miteinander verwandt ist.

Das *Quartett in A* KV 464 ist vielleicht das erregendste in der Reihe der sechs Haydn gewidmeten Streichquartette. Aber auch die anderen fünf zeigen eine so ungewohnte musikalische Sprache, daß sie den Zeitgenossen, die an Haydns Quartetten nie Anstoß nahmen, fremd blieben. Der Verleger Artaria wollte zuerst das von so vielen Schreibfehlern strotzende Autograph — wie er meinte — nicht drukken. Und der Komponist Giuseppe Sarti (1729–1802) schrieb nach dem Anhören einzelner Teile dieser Quartette (während eines Aufenthaltes in Wien im Jahre 1785) in seinem «Esame acustico fatto sopra due frammenti di Mozart» (es handelte sich um Teile aus KV 421 und KV 465):

«Nach diesen beiden Stellen können wir urteilen, daß der Komponist, den ich nicht kenne und auch nicht kennen zu lernen wünsche, nur ein Klavierspieler mit einem verdorbenen Gehör ist. Er ist ein Anhänger des falschen Systems, das die Oktave in zwölf Halbtöne einteilt.»

Sarti machte also im Jahre 1785 Mozart den Vorwurf, er sei ein «Zwölftöner»: daraus wird ersichtlich, daß man schon damals die Möglichkeit der seriellen Komposition durchaus begriffen hat. Dennoch ist das Urteil Sartis, der mit Mozart so gar nichts zu schaffen haben will, befremdlich, wenn man bedenkt, was Mozart im Jahre zuvor über ihn geschrieben hat:

Maestro Sarti ist ein rechtschaffener Mann! Ich habe ihm sehr viel gespielt und endlich auch Variationen auf eine seinige Aria gemacht, woran er sehr viel Freude gehabt hat. (Wien, 9. Juni 1784)

Aus diesem Brief Mozarts (und aus weiteren des gleichen Jahres 1784) geht eindeutig hervor, daß die beiden Männer einander wahrscheinlich sogar mehrfach begegnet sind. In Mozarts Urteil schwingt warm eine ausgesprochene Wertschätzung, während Sarti seinen Kollegen kalt verleugnet.

In Cramers «Magazin der Musik», Kopenhagen 1789, schreibt ein ungenannter Korrespondent, der sich (nach O. E. Deutsch) wohl schon 1787 oder 1788 auf der Rückreise von Italien in Wien aufgehalten hat, bedauernd:

«... Die Arbeiten dieser Komponisten [Kozeluch] erhalten sich und finden [in Wien] allenthalben Eingang, dahingegen Mozarts Werke durchgehends nicht so ganz gefallen. Wahr ist es auch, und seine Haydn dedizierten sechs Quartetten für Violinen, Bratsche und Baß, bestätigen es aufs neue, daß er einen entschiedenen Hang für das Schwere und Ungewöhnliche hat. Aber was hat er auch große und erhabene Gedanken, die einen kühnen Geist verrathen!»

Das Befremdende dieser Quartette hängt nicht so sehr mit den Errungenschaften zusammen, die Mozart von dem Haydn der «Russischen Quartette» übernahm: gleichmäßige Beteiligung und selbstständige Führung aller vier Instrumente bei Wahrung eines ausgewogenen Ganzen und kunstvolle Verarbeitung des thematischen Materials. Anstoß erregten mehr die «persönlichen Zutaten» Mozarts: seine heftige Agogik und Spannungsgeladenheit, sein schneller Wechsel in Form und Rhythmus und vor allem seine — mit der inneren Spannung notwendig zusammenhängenden — kühnen, mitunter befremdenden harmonischen Bewegungen und Akzente. In diesen Quartetten wird, wie kaum sonst in Mozarts Werk, eine Tendenz deutlich, den gesetzmäßigen harmonischen Ablauf durch unerwartete Wendungen nach entfernteren Tonarten zu komplizieren. Dieser immer wieder anzutreffende Versuch des ungewohnten harmonischen Umwegs trägt, wie R. Gerber wörtlich sagt, die «Keime der Atonalität» in sich, was die Zeitgenossen noch stärker empfanden als wir, die wir durch die Schule der späten Quartette Beethovens gegangen sind und die Errungenschaften der offiziellen Zwölftonmusik kennen. Mozart liebt es in diesen Quartetten, im Augenblick der Kadenzierung die ursprüngliche Tonika preiszugeben und den harmonischen Ablauf in eine andere Richtung zu lenken. Die erstrebte Tonika tritt zwar meist noch ein, aber nicht ungetrübt, sondern von der Septime oder gar None umspielt; so wird dieser — nicht völlig ruhende — Ruhepunkt gleich wieder Ausgang neuer Bewegung. Ähnlich ist der Effekt der in den Durchführungen häufig auftauchenden Quintsequenzen: der tonale Dreiklang mit der kleinen Septime drängt nach Auflösung, die im Zug der Sequenz meist nicht gewährt wird. Bei dem Ineinander von weiterdrängenden Septimakkorden verblaßt die Tonart der Sequenzphrase zusehends, so daß der Eindruck einer gewissen tonalen Unbestimmtheit, des Schwebens oder Schillerns (Gerber) zustande kommt. Die Terzverwandtschaft schließlich und die Einführung der doppelten Dominante verraten in diesen Streichquartetten bereits romantische Züge Mozarts.

Nicht immer hat Mozart dieses Haydn abgeschaute Verfahren der Kompositionstechnik angewandt. Er hat, schon in den späteren Quartetten dieser Reihe, aber auch in vielen anderen nachfolgenden Werken, das Melodische freier und üppiger und ohne die ökonomische Sparsamkeit nur einer oder nur einiger weniger musikalischer Keimzellen verströmen lassen. Aber bei aller verschwenderisch dargebotenen Kantilene ist jenes absolute Maß technischen, d. h. kompositorischen Könnens von dieser Zeit ab nicht mehr wegzudenken, es ist vorhanden, auch wenn Mozart nicht so bewußt daran denkt wie in den sechs Haydn gewidmeten Quartetten. Weitere Höhepunkte dieser, wir möchten sagen «spirituellen» Technik sind etwa die Schlußsätze der sogenannten *Prager Sinfonie* (KV 504, Ende 1786 geschrieben) und der *Jupiter-Sinfonie* (KV 551, vollendet, vielleicht sogar ganz geschrieben am 10. August 1788 in Wien).

Verweilen wir einen Augenblick bei dem Schlußsatz der *Jupiter-Sinfonie* (diesen Beinamen scheint Salomon, der Londoner Konzertunternehmer, der Mozart vergeblich nach London einlud, aufgebracht zu haben). Hier entsteht der Eindruck einer besonderen spirituellen Heiterkeit nicht zuletzt dadurch, daß Mozart das Kunstvolle, ja, Raffinierte seines kompositorischen Vorgehens verbergen wollte. Formal ist überraschend die Kombination von freiem Satz und strenger, fugenartiger Verarbeitung: die fünf Themen dieses Schlußsatzes werden in meisterhafter Weise alternierend, meist kanonisch, eingesetzt, das 1. Thema wird auch spiegelbildlich und das 2. Thema in sogenannter widriger (auf- statt absteigender) Weise verwendet, die einzelnen Themen werden verkürzt oder gedehnt, auf anderen Stufen wiederholt, sie bleiben jedoch stets in ihrer scharf gezeichneten Kontur erkennbar. Die eigentliche, strenge Fuge, die alle fünf Themen in der überraschendsten Weise gegeneinander und aufeinander zu führt, dauert nur dreißig Takte (Takt 372–401). Der längste Teil des Finale ist also (weshalb man diesen Schlußsatz auch nicht schlechterdings als Fuge bezeichnen darf) als freier Satz gearbeitet, bei dem jedoch die Fuge als Andeutung und Kontrapunkt stets latent gegenwärtig ist und gerade das souveräne Spiel mit ihr die meisterhafte thematische Arbeit des späten Mozart beispielhaft erkennen läßt. Man darf indessen das Finale nicht isoliert betrachten: J. N. David hat gezeigt, daß allen vier Sätzen, als musikalischer Kern, als «Uridee», ein aus zehn Noten bestehender Cantus firmus zugrunde liegt,

dessen erste vier Noten den berühmten (von Mozart auch anderweitig verwendeten) Anfang des Finale-Themas darstellen. Dieser Cantus firmus liefert also, in Teilen und mit allen besprochenen Mitteln der Abwandlung, die verschiedenen Themen und Subjekte aller Sätze. In dieser Sinfonie spielt — nach sublimen Gesetzen der Erfindung und Konstruktion — die Musik in ätherischen Bezirken gleichsam mit sich selber.

Dieser, die billigen Forderungen der an leichte Kost gewöhnten Musikabnehmer völlig ignorierende «Spätstil», der ganz aus den Notwendigkeiten des Geistes und der von allen Schlacken und allem gefälligen Beiwerk gereinigten musikalischen Materie schafft, dabei aber die letzten Ansprüche der Schönheit erfüllt, ist uns heute der Inbegriff der Satzkunst Mozarts. Deshalb vielleicht, weil hier, durch die souveräne Beherrschung und gleichzeitig die äußerste Beschränkung der technischen Mittel, durch die letztmögliche Gerafftheit und Kürze der Aussage, durch das vollendete Maß an Ausgewogenheit, Geschmack, Kraft und Leichtigkeit die sinnliche und zugleich spirituelle musikalische Schönheit rein und zeitlos gültig inkarniert ist.

Mozart dachte, wie bereits gesagt wurde, bei seiner musikalischen Erfindung nie abstrakt, d. h. seine Melodie war keine solche der reinen, beliebig spielbaren und transponierbaren Idee, sondern stets in einer konkreten Tonart konzipiert und einem bestimmten Instrument zugeteilt.

Manche Tonarten waren ihm zwar durch die Beschränkung der Instrumente (Horn in Es und D, Klarinette in A oder B) vorgeschrieben. Mozart wurde dadurch aber nicht behindert; im Gegenteil, er legte sich eine Beschränkung auf nur wenige (dabei im Charakter außerordentlich distinkt behandelte) Tonarten auch bei Instrumenten auf, die eine solche Beschränkung nicht verlangen (Geige, Klavier).

Mozart dachte in Tonarten und Instrumenten wie wohl kaum ein anderer Komponist. Wie sehr er einem Instrument «auf den Leib» geschrieben hat, ist bereits im vorigen Abschnitt am ersten Satz des *Hornkonzertes* KV 412 gezeigt worden. Ein anderes kleines Beispiel soll dartun, wie bei ihm eine Konzeption, eine thematische Urzelle, je nach der Tonart eine verschiedene Formulierung erfuhr.

Es handelt sich um das Thema der beiden Schlußsätze der *Klavier-Trios* KV 548 und 564.

KV 548, dritter Satz

KV 564, dritter Satz

In KV 548 herrscht das helle, leuchtende C-Dur: diesen Effekt unterstützt die — an schmetternde Trompetenfanfaren gemahnende — Abfolge g - g - c - g innerhalb des C-Dur-Akkords, auch das wie gestochen wirkende chromatische Prinzip f - g - gis - a. Es folgt noch einmal die gleiche Akkordfolge des Anfangs, nur um eine Terz tiefer: e - e - g, allerdings dann mit dem Abstieg bis zur Quinte c, was noch mehr an eine Trompetensequenz gemahnt. Das Ende der Phrase, das dieses c umspielt, steigt noch einmal die Terz zum e hinauf, um sich dann auf dem d darunter auszuruhen.

Im Schlußsatz des *Klaviertrios* KV 564 findet sich nahezu dasselbe Material: die Noten sind fast die gleichen, Rhythmus und Phrasierung stimmen weitgehend überein. Und doch hat das Thema eine andere Dignität und einen anderen Charakter, was durch die andere

Tonart und kleine, fast unscheinbare Abwandlungen erreicht wird. Die Wendung nach G-dur ändert das Helle, fast Schmetternde ins Liebliche, hirtenhaft Fröhliche ab: statt mit der Akkordfolge und dem Sprung in die Quarte beginnt das Thema mit einer Modulation in der Sekunde: d - g - a - fis; dazu ist das g punktiert (gegenüber der Gleichwertigkeit der Noten in der C-dur-Folge bei KV 548), was diesem g einerseits mehr Gewicht, andererseits der ganzen Phrase einen wiegenderen Charakter verleiht. Nun wird diese sanfte, runde Tonfolge wörtlich wiederholt; noch diesem zweimaligen Anlauf gelingt der Sprung auf das hohe c. Der Quartsprung erfolgte im ersten Beispiel gleich beim zweiten Ton; im zweiten Beispiel wird die Quarte nach zwei «Umspielungen» erreicht. Dann folgt der Abstieg, der die punktierte Phrase auf a - h - a noch einmal wiederholt; nach einem letzten Verschnaufen wird in gemächlicher Beruhigung (a - g - fis) der Abstieg beendet, der gegenüber dem ersten Beispiel viel entspannter, fließender, ohne Sprünge innerhalb der Akkordfolge vor sich geht. Zu beachten ist auch noch die Verschiedenheit des melodischen Flusses in beiden Beispielen. Im zweiten steht innerhalb der vier Takte, bis zum Abschluß des Themas, dreimal eine Achtelpause; im 1. Thema, das viel atemloser dahinläuft, nur eine einzige, weil durch den kontinuierlichen, raffenden inneren Duktus je zwei Takte zu einer zusammenhängenden Phrase verschmolzen werden.

Diese Beispiele zeigen, da das gleiche Grundmaterial verwendet wird, das Tonarten-Denken Mozarts in erhellender Weise. Die beiden Trios sind in einem zeitlichen Abstand von dreieinhalb Monaten (das erste am 14. Juli 1788, das zweite am 30. Oktober 1788) niedergeschrieben worden. Wann Mozart sie in seinem Kopf komponiert hat, wissen wir nicht; aber es drängt sich der Schluß auf, daß im zweiten Trio ein nahezu wörtlich übernommenes Thema eine tonartenspezifische Abwandlung erfuhr.

Also noch einmal: Mozart dachte weder in Tonarten allein, noch für ein bestimmtes Instrument allein. Sofort paßte sich in seiner Vorstellung die Tonart dem Instrument an — er gab, von der Tonart und der musikalischen Erfindung her, den Part gleich dem Instrument, das den musikalischen Gedanken am angemessensten auszudrücken vermochte. Meistens war es aber wohl umgekehrt: wenn er für ein bestimmtes Instrument schreiben sollte, war die Erfindung a priori dem Charakter des Instruments, seinen technischen Möglichkeiten und den auf ihm möglichen Tonarten angepaßt. Und dies, wie bereits gesagt wurde, nie im Sinn einer Beschränkung, einer Zwangsjacke, sondern einer Ausschöpfung der Möglichkeiten eines Instruments. Darum kann man bei Mozart , ohne die bestimmte Atmosphäre zu zerstören, weder in andere Tonarten transponieren noch Instrumente untereinander vertauschen: ganz gegen die Tradition des frühen Barock, wo die Besetzung wie auch die Tonart weitgehend variabel, dem Ermessen und den instrumentalen Möglichkeiten der Spieler überlassen blieb. Jede Umbesetzung verfälscht Mozarts Absicht. Man kann nicht im sogenannten *Kegelstatt-Trio* KV 498 die

Klarinette durch eine Geige ersetzen oder im *Klarinetten-Quintett* KV 581 das gleiche Instrument mit einer weiteren Geige vertauschen und das Werk als Streichquintett aufführen wollen: man verändert damit nicht nur das Timbre in erschreckender Weise, sondern mißversteht Mozart bis in seine metaphysischen Absichten: da er gerade der Klarinette Dinge zu sagen (oder anzudeuten) anvertraute, die nicht mehr «von dieser Welt» sind. Man sollte auch nicht in der *Kleinen Nachtmusik* KV 525 den Streichbaß weglassen oder durch ein Cello ersetzen, auch nicht das Werk mit großem Streichkörper aufführen; auch nicht den Bratschenpart der beiden *Duos für Violine und Viola* KV 423 und 424 durch ein Cello ersetzen.

Eine wichtige Frage ist die der Bedeutung der Tonarten bei Mozart. Alfred Einstein hält die Tonarten Mozarts für neutral, das will sagen, daß Mozart sie, kraft seiner Vielseitigkeit, für beliebige musikalische Intentionen zu benutzen verstand. Das stimmt und stimmt auch wieder nicht. A priori hatte er zweifellos die Fähigkeit, das, was er wollte, in jeder Tonart «auszudrücken». A posteriori aber bekamen die Tonarten häufig ein durchaus spezifisches Gesicht, vor allem im Verein mit den übrigen musikalischen Mitteln. Allein der Umstand zum Beispiel, daß beim C-dur fast stets Trompeten, aber nie Klarinetten verwendet sind, gibt dieser Tonart, schon vom Instrumentalen her, bei Mozart eine besondere Färbung. Oder man denke an das Es-dur, das er wie keine andere Tonart mit «weichen» Holz- und Blechbläsern bedachte.

Gleichwohl darf man die Dinge nicht übertreiben und nicht in die romantische Manier verfallen, jeder Tonart einen bestimmten und unveränderlichen Charakter oder Gefühlswert zuschreiben zu wollen. Mozart war alles andere als ein Romantiker oder ein ästhetisierender Fanatiker: aber seine hohe schöpferische Potenz und seine besondere Affinität zu den musikalischen Dingen brachte Beziehungen zustande, die wir bei anderen Komponisten vergeblich suchen werden. Bei aller Zurückhaltung also lassen sich die Tonarten im musikalischen Sprachgebrauch Mozarts durchaus in ihrer — mehr geistig gedachten — «Stimmung» kennzeichnen, mindestens bei repräsentativen Werken der einzelnen Tonart. Dabei mag die eine oder andere übertreibende Formulierung zustande kommen; man nehme sie in Kauf und mache nicht den Versuch, das im Zusammenhang mit besonders sinnfälligen Beispielen Gesagte engherzig oder schematisch auf alles, was Mozart geschrieben hat, anwenden zu wollen.

Wie wenig apodiktisch diese Ausführungen gemeint sind, mag folgende Einschränkung zeigen: es soll nicht behauptet werden, daß die sich bei Mozart aufdrängende Tonarten-Charakteristik allgemeine Geltung beanspruche. Vielleicht ist es so, daß jeder Gegenstand, vor allem jeder bewußt hörende Mensch einen eigenen Schwington, eine «immanente tonale Mitte» (F. Zobeley) hat, die die Beziehungen zu den Tonarten und die jeweils mit ihnen verbundene Färbung bestimmt. Das würde bedeuten, daß, was für den einen C-dur ist, es nicht für den anderen sein muß. Aber selbst wenn man das unterstellte, bleibt davon doch unberührt die Eigenfarbe der Instrumente, die sich — objektiv — in bestimmten Tonarten deutlicher zeigt als in anderen. Dieser Grundsatz gilt absolut. Um beim C-dur zu bleiben (oder um etwas, was darüber zu sagen ist, vorwegzunehmen): wenn schon das C-dur nicht für jeden hell und schmetternd ist, so ist es — bei darauf abzielender Kompositionsweise — die Trompete. Das wäre also der erste «feste» Punkt. Dann ist weiter auffallend, daß es bei Mozart, im Gegensatz zu Bach, «wandernde» Melodien offenbar nicht gibt, also solche, die ohne wesentliche Veränderungen, nur etwa mit ganz verschiedenem Text, durch mehrere Tonarten geführt werden. Auch Mozart kennt «Urzellen» und «Urfolgen» von Tönen und Themen, die ihn immer wieder faszinierten. Aber sie sind nie wörtlich wiederholt; immer finden sich Abweichungen, sei es in der Satztechnik, im Rhythmus oder in der Instrumentierung. Und selbst, wenn man wörtliche Wiederholungen in anderen Tonarten (z. B. bei eigenen Bearbeitungen) fände, wäre dies kein Gegenbeweis: vielleicht gab es auch für ihn, wie Alfred Einstein vermutet, «neutrales», in beliebigen Tonarten verwendbares Material. Diese Frage wäre eine subtile Untersuchung wert.

Nun aber zu Mozarts Tonarten-Charakteristik.

C - d u r ist die Tonart der imperatorischen Helligkeit, Klarheit, Durchsichtigkeit. Es ist die Tonart der Trompeten und Oboen, die die Helligkeit verstärken, nie der Klarinetten. Dies trifft auch für die Zeit zu, in der Mozart — gegenüber Salzburg — instrumental nicht mehr behindert war. Mozart hat auch in anderen Tonarten, wie gleich zu zeigen sein wird, «festliche» Musik geschrieben; aber C-dur ist die ausladendste, dabei unsinnlichste, es ist die Tonart der festlichen Repräsentation, des höfischen Glanzes, «auf höchster Ebene».

Beispiele: *Titus* (Grundtonart), *Klavierkonzert* KV 503, *Jupiter-Sinfonie* KV 551.

C-dur ist außerdem die Tonart der unbeirrbaren Zuversicht, des feierlichen, freudigen Versprechens, der bekennenden Gläubigkeit, die Tonart vieler seiner Credo-Sätze (auch ganzer Messen). Und hier sei gleich noch eine Ausnahme angefügt: im Andante des *Streichquartetts* KV 590 hat Mozart eine Einfachheit und Schlichtheit erreicht, die nur mehr die kristallene Klarheit des C-dur hat, während jeder Glanz, jede Repräsentation vergessen und eine mystische Entrücktheit erreicht ist.

G - d u r ist die Tonart der hirtenhaften Heiterkeit, einer bukolischen Naivität. Die natürliche Freude des noch nicht verlorenen Paradieses ist hier noch spürbar, es ist die Tonart der ersten, der kindlichen Unbefangenheit Mozarts: sie ist unreflektiert, unbeschwert, fast indifferent, flötenhaft.

Beispiele: *Bastien und Bastienne* (Grundtonart), *Konzert für Flöte* KV 313, *Konzert für Klavier und Orchester* KV 453, Duett zwischen Papageno und Papagena *Pa, pa, pa* (*Die Zauberflöte*, 2. Aufzug).

Aber auch hier ist anzufügen: der späte Mozart erschließt dem G-dur Bereiche (in seiner zweiten Naivität, nach Resignation und Ergebung in sein Schicksal), die unbeschwert in einem neuen Sinne sind. Auch hier bleibt G-dur heiter und rein, aber es ist entrückt. Als bestes Beispiel dafür mag das sublime Adagio des *Streichquintetts* KV 593 dienen (das Werk steht mit Ausnahme dieses langsamen Satzes in D-dur).

D-dur verkörpert nicht die königlich-repräsentative, sondern die sinnlich-festliche, aber immer noch aristokratische Freude. Der Akzent hat sich von der Repräsentation, dem äußeren Effekt und Glanz, zur inneren Anteilnahme, zum Genuß, verschoben: und deshalb ist diese Freude üppiger, sinnlicher, sie ist dem expansiven Lebensgefühl des späten Barock angemessen. In dieser Tonart lebt die kultivierte Daseinsfreude, der gepflegte Genuß, ein wenig Unbändigkeit, mehr aber Grazie und Geschmack. Es ist eine festlich überhöhte Freude wie in *Figaro* und *Don Giovanni* (Grundtonart), im *Violinkonzert* KV 218, in der *Prager Sinfonie* KV 504 (vor allem im ersten und dritten Satz), in den *Haffner-Musiken*, im *Streichquartett* KV 575 (hier schon sehr transparent und zart, zwar auch noch selig schwelgend, aber doch gar nicht mehr unbändig). Mit den letzten beiden Werken ist schon die Wandlung angedeutet, die diese Tonart beim späten Mozart durchmacht. Schon in der — wie ein Feuerwerk abbrennenden — *Prager Sinfonie* hat das D-Dur mitunter tragischen Charakter, wie auch stellenweise in dem *Streichquintett in D-Dur* KV 593, dessen Adagio-Satz in G-Dur bereits erwähnt wurde.

A-dur ist die Tonart der Freude, des fast überschwenglichen, ja lärmenden (A. Einstein) Frohlockens. Dennoch hat diese Freude nicht so sehr eine äußere (wie das D-dur), als eine innere Leuchtkraft. Die Glanzlichter sind nicht so sehr sinnlich bedingt, sondern sind von einer geistigen Freude überhöht. Zwar zeigt Mozart in frühen Werken, vor allem in der — aus dem Rahmen fallenden, frühreifen — *Sinfonie in A-Dur* KV 201 eine expansive, unbändige Strahlkraft und Dynamik, die im dritten Satz des nur wenig später entstandenen *Violinkonzerts* KV 219 zu einem ungestümen, pointierten Csárdás gesteigert wird. Aber beide Werke, KV 201 und 219, zeigen in der lärmenden Freude eine große innere Spannung und Kraft; sie sind von einer geistigen Dynamik getragen, die beim späten Mozart, im *Klarinettenquintett* KV 581 und im *Klarinettenkonzert* KV 622 in einen Zustand der überirdischen, bei aller sinnlichen Seligkeit spirituell verklärten stillen Freude entrückt ist.

E-dur: Diese Tonart hat nicht mehr den Charakter der Freude, wie C-dur, D-dur, A-dur, sondern einer innigen, schwebenden Leichtigkeit, ja Schwerelosigkeit. Auch das E-dur ist spirituell, ja fast ätherisch, jedoch behält es eine sehnsüchtige, in extremer Anwendung fast schmachtende (nach Alfred Einstein: leicht pathetische) Wärme: die schwebende Annäherung an ein nicht mehr naives, sondern durch schmerzliche Erfahrungen zu erringendes, zerbrechliches und zartes Glück.

Beispiele: E-dur Adagio des *A-dur Violinkonzerts* KV 219; E-dur Terzett *Weht leiser ihr Winde* in *Così fan tutte*; *Klaviertrio* KV 542 (dessen langsamer Satz, wie 90 Prozent aller Mittelsätze Mozarts, in der Unterdominante – hier A-Dur – steht). Der letzte Satz mit seiner kühnen, dabei gläsern anmutenden Modulation ist eine der schönen Entrückungen, die uns der späte Mozart beschert.

F - d u r : Bei dieser Tonart fällt eine rustikale Behäbigkeit auf, eine sehr diesseitige Zufriedenheit und Standfestigkeit, die entschlossen ist, diesen irdischen Bereich zu verteidigen. Das beste Beispiel dafür ist wohl die Arie Masettos in *Don Giovanni*: *Hò capito* (*Habs verstanden*). Diese Arie verkörpert das Extrem von bäurischer Beharrlichkeit und Ruppigkeit und der entschlossenen Wahrnehmung eines bedrohten Rechts. Im *Klavierkonzert* KV 459 ist nur mehr der erste Satz als standfest zu bezeichnen, hier gesellt sich der irdischen Zufriedenheit eine gewisse Lieblichkeit bei. Dieses Konzert ist einerseits durchaus nicht so naiv wie vieles von Mozart in G-dur, andererseits aber durchaus nicht jenseitig. Adam und Eva haben schon vom Baum der Erkenntnis gegessen und sind aus dem Paradies verstoßen, aber sie trösten sich mit dem Irdischen, mit einem nicht aufjauchzenden, durchaus nicht rein sinnlichen Glück. In dieser Tonart herrscht eine bukolische Gelassenheit, in der eine gefühlsstarke, dabei doch verhaltene Freude zu spüren ist.

Weitere Beispiele: die Gartenarie Susannas in *Le nozze di Figaro*: *Deh vieni non tardar* (*O säume länger nicht*), der übrigens ein Vorspiel in C-dur vorausgeht; das Incarnatus est für Solosopran aus der unvollendeten großen *Messe* KV 427; dieses Incarnatus est ist in seiner Unschuld wie ein Wiegenlied, übrigens mit den gleichen Solobläsern bedacht wie die Gartenarie Susannas (Flöte, Oboe, Fagott).

Und wiederum findet sich beim späten Mozart ein neuer Geltungsbereich des F-dur: im Schlußsatz des letzten *Streichquartetts* KV 590 scheint der Tonart nach zwar die alte, irdisch verhaftete Standfestigkeit gewahrt zu sein; seine dynamisch erregte Struktur aber spottet jeder Standfestigkeit und das äußerst kühne Klangbild ist stellenweise bis an die Grenzen des Atonalen aufgelöst.

B - d u r ist verwandt dem F-dur in seiner irdischen, kreatürlichen Verhaftung. Aus der Standfestigkeit wird indessen mehr Besinnlichkeit; das Rustikale wird überhöht durch eine innere Ruhe und Beseelung. Auch in dieser Tonart lebt (oder kann leben) Freude; aber sie hat nichts Extrovertiertes, sondern ist ganz nach innen gerichtet. Es entsteht eine ruhige, kreatürlich-selige Zwiesprache der Seele mit sich selbst, eine philosophische Ausgeglichenheit, die von der Weisheit des Lebens her kommt und ohne Resignation bleibt. Auch in dieser Tonart kommt dynamische Bewegung und ein weitgespannter Duktus vor, aber er beruhigt sich bald, wie im *Divertimento* KV 287 (vor allem im Rezitativ-Andante vor dem Schlußsatz).

Als weitere Beispiele wären hier das *Klaviertrio* KV 502, die *Klavierkonzerte* KV 450 und 456, die *Sonaten für Geige und Klavier* KV 378 und 454 zu nennen.

Es-Dur: Diese Tonart hat zwei Gesichter. Ein mehr unpersönliches, das weitgehend durch die Notwendigkeiten gewisser Instrumente, vor allem des Horns, bedingt sein mag. Drei von Mozarts vier Hornkonzerten stehen in Es-Dur (KV 417, 447 und 495; KV 412 = 386^b in D-Dur). Diese Tonart bringt, zusammen mit der spezifischen Ausdrucksweise des Horns, ein wenig Naturromantik und Jagdidylle mit sich, die besonders stark in den Schlußsätzen erscheint. Dies also ist das unpersönliche Gesicht des Es-Dur.

Ihr geprägteres Gesicht offenbart die Tonart bei Mozart erst bei den Werken, die — deutlich oder dem Geiste nach — mit dem Freimaurertum zu tun haben. Hier wird das Es-dur die Tonart der erhabenen Feierlichkeit, der Brüderlichkeit und Einweihung. Klarinetten, Bassetthörner und Posaunen fungieren in zusätzlicher Besetzung. Die sinnliche Wärme der Holzbläser und der verhaltene Ernst der Blechbläser geben diesen Kompositionen den Charakter kultischer Weihe. In dieser Tonart schwingt ein Hochgefühl, das man nicht mehr als Freude bezeichnen kann: es ist zwar, wie in der *Sinfonie* KV 543, noch einmal der stille Jubel des Irdischen, sub specie aeternitatis, aber in den Freimaurerkompositionen wird es ein übernatürliches, durch die Gnade der Einweihung den Tod verklärendes Glück.

Weitere Beispiele: Adagio aus dem *Divertimento* KV 287 (dieser Satz ist nur für Streicher gesetzt), die beiden Adagio-Sätze der *Grande Sérénade* KV 361 (für 12 Bläser und Streichbaß), *Die Zauberflöte* (Grundtonart).

As-dur: Das ist Mozarts weichste Tonart. In ihr ist alles rund (aber nicht verschwommen), dabei von einem sanften, milden Licht beschienen. Auch ein wenig Wehmut, tiefes Wissen und Resignation ist dabei: aber ohne Anklage, nur ein wenig schmerzlich erscheint alles, wenn auch versöhnt. Vielleicht könnte man diese Stimmung oftmals eine beseelte Resignation nennen, aber die Möglichkeiten sind damit nicht erschöpft. In seinem erhabensten As-dur-Stück, dem Quartett *Nel bichier'* (*Nimm dein Glas*) in *Così fan tutte* entsteht eine fast pantheistische Liebesseligkeit, ein stummes Glück, das durch die leise Trauer der Schuld seine Wehmut sowohl wie auch seine Intensität erhält. Durch das As-dur geht immer, wenn man es bemerken will, ein gewisser Zwiespalt, der auch in der Weichheit der Konturen spürbar bleibt. Das gilt auch für das Adagio aus dem *Streichquartett* KV 428 (Grundtonart Es-dur): hinter aller scheinbaren Ruhe der Halbtonschritte und in aller Entrückung spürt jeder wissend Hörende eine verborgene Erregung.

Schwieriger erscheint es, den Molltonarten bei Mozart einen bestimmten Charakter zuschreiben zu wollen. Einmal verwendet sie Mozart äußerst sparsam, nur wenige Sätze hat er, wie etwa das Anfangs-Allegro des *Streichquintetts* KV 516, «erbarmungslos», wie Einstein sagt, in Moll komponiert. Zum anderen aber ist zu bedenken, daß die Molltonarten einander in ihrer Farbe von vornherein mehr ähneln als die Dur-Tonarten; sie haben insgesamt ein gedämpftes, resigniertes, schmerzliches Kolorit. Manche Molltonarten finden wir selten, wie etwa f-moll; am häufigsten sind g-moll, d-moll, c-moll. Vorsichtig und mit Vorbehalt würden wir etwa sagen:

a - m o l l : Die parallele Molltonart zu C-dur. Das Wesentliche ist ein exotischer Charakter. Kein weiches, mehr ein kühles Silberlicht. Die Konturen sind scharf; die fremdländische Agilität, zu der diese Tonart benützt wird, kann sehr energisch und reizvoll sein. Als Beispiele mögen das *Alla Turca* aus der berühmten *Klaviersonate* KV 331 und das Moll-Interludium im Schlußsatz des *Violinkonzertes* KV 219 dienen.

e - m o l l : Die Molltonart zu G-dur ist kühl, jedoch eigentlich nicht silbern, sondern mehr gläsern. Ihr wird etwas weniger Aktivität anvertraut als dem a-moll. Dadurch wird sie weicher, wenn sich auch eine gewisse Sprödigkeit nicht verliert. Statt des «Fremdländischen» stellt sich mehr der Charakter der romantischen, dabei aber verhaltenen Verträumtheit ein. Ein Beispiel dafür ist die (in manchen schon an Schubert gemahnende) *Sonate für Violine und Klavier* KV 304.

h - m o l l : Die Molltonart zu D-dur. Eine fremdartige, und doch berückend süße und verhaltene Schwermut.

Beispiele: Die Romanze des Pedrillo aus *Die Entführung aus dem Serail;* Adagio aus dem *Flötenquartett* KV 285.

d - m o l l : Die Molltonart zu F-dur. Es ist die dämonisch-düstere Tonart Mozarts, die Tonart der metaphysischen Schauer.

Beispiele: *Don Giovanni,* vor allem sein Untergang im 2. Akt; das *Klavierkonzert* KV 466, *Streichquartett* KV 421 (insbesondere der erste Satz), *Requiem* KV 626.

g - m o l l : Die Molltonart zu B-dur. Es ist die Tonart, die Mozart besonders liebte, und die, da er sie dennoch sparsam verwendete, stets eine besondere Bedeutung hat. Es ist die Tonart der Läuterung, der Verinnerlichung; der Liebesprüfung in Todesnähe. Sie ist sanft und schmerzlich, hehr und ergreifend: sie führt die ringende Seele zu sich selber, zu Todesbereitschaft und Ergebung.

Beispiele: Arie der Constanze: *Was ist der Tod;* Arie Paminas: *Ach, ich fühl's; Streichquartett* KV 516 (vor allem der erste Satz); *Sinfonie* KV 550; Arie der Zaïde: *Tiger, wetze nur die Klauen.*

c - m o l l : Die Molltonart zu Es-dur. Was bei Es-dur (in seiner spezifischen Färbung) eine erhabene, freimaurerische Feierlichkeit verkörpert, das wird in c-moll zur stillen, ergriffenen Frömmigkeit. Hier wird der Tod bejahend verehrt, hier werden die Mysterien des Glaubens, seien sie dem katholischen oder dem maurerischen Ritus zugehörig, ergriffen gefeiert. Wie in d-moll die metaphysischen Schauer erschüttern, so versöhnt in c-moll die gläubige, die fromme Todesnähe.

Beispiele: *Messe* KV 427; *Maurerische Trauermusik* KV 477, *Bläsersextett* (später zum Oktett erweitert) KV 388; *Adagio für Klarinetten und drei Bassetthörner* KV 440 [a].

f - m o l l : Die Molltonart zu As-dur. Nach Einstein eignet dieser Tonart eine «dunkelgefärbte Pathetik». Er hatte vielleicht die Arie Don Alfonsos aus *Così fan tutte* im Auge, in welcher der «alte

Ludwig van Beethoven. Silhouette von J. von Neesen, 1786

Philosoph» den beiden Schwestern die böse Kunde von der Abreise seiner jungen Freunde überbringt. «Es ist nur ein kurzer Satz von achtunddreißig Takten, dafür um so wirkungsvoller: ein agitiertes, nach Luft ringendes Lamentieren, nur von Streichern begleitet, bei denen die geteilten Bratschen die Führung an sich reißen und das Pathos der Klagen wirkungsvoll persiflieren. Und dennoch herrscht ein wogender Wohlklang vor, in einer breiten, schmerzlich getönten Gefühlslage und vom Sentimentalen durch jene feine Ironie getrennt, die Mozart hier meisterlich handhabe.» (A. Greither, «Die sieben großen Opern Mozarts», S. 164 f.)

Hier soll aber noch an ein anderes, dazu viel früheres Beispiel eines wundervollen f-moll-Satzes erinnert werden: nämlich das Adagio aus dem *Streichquartett* KV 168. In diesem Satz gelingt Mozart, völlig überraschend für seine damalige Tonsprache, eine von allem Pathos freie Verinnerlichung und schmerzliche Entrückung, wie sie in dieser besonderen Farbe kaum einmal im übrigen Werk Mozarts wiederkehren.

Mozarts rhythmische und dynamische Führung im musikalischen Duktus läßt sich am besten begreifen, wenn man sie mit der Verfahrensweise Beethovens vergleicht, wie das G. Becking[1] (nicht nur auf diese beiden Meister beschränkt) getan hat. Versuchen wir, seine Gedanken aufzugreifen und zu ergänzen.

Bei Mozart kommt der Einsatz schnell, der Ton steht sofort fertig in seinen klaren Konturen da. Bei Beethoven wird der volle Einsatz oft über ein crescendo erreicht, er ist gewaltsamer, erzwungener. Er wirkt nicht nur gepreßter, sondern die — bei Mozart scharfen — Konturen werden durch Mischklänge mit Übergangscharakter abgemildert. Sie formen sich langsamer, mit mehr Anstrengung. Mozart und Beethoven spielen gern mit chromatischen Gängen; aber bei Mozart wiegen sie leichter, sie sind spielerischer gebraucht. Mozart zeigt keine große Neigung, bei ihnen zu verweilen; Beethoven aber treibt aktiv, mit beharrlicher Betonung dieser Übergänge die musikalische Entwicklung voran. Bei ihm sind die Durchgänge nicht neutral in ihrer natürlichen Dynamik wie bei Mozart, sondern sie werden mit einer vom Schöpfer kommenden Energie aufgeladen. Die Töne singen bei Beethoven in Bedrängnis, bei Mozart singen sie frei. Mozart anerkennt und benützt den natürlichen Rhythmus, das Gesetz der Schwere; die objektive, naturgesetzliche Gravitation fällt mit seinem subjektiven Impuls zusammen. Bei Beethoven streitet der objektive gegen den subjektiven Impetus: für ihn ist die Schwere, die für Mozart natürlich ist, ein mechanisches oder gar mechanistisches Prinzip, das er durch die Energie eigener Anstrengung zu überwinden sucht; die natürliche Schwere wird durch persönliche Leistung ersetzt. Mozart bringt nicht nur einen schnellen Einsatz auf die schweren Taktteile; bei ihm ist auch noch die Taktmitte und das Taktende schwer, er läßt sich mit der natürlichen Erdanziehung nach abwärts fallen, wo Beethoven oft gegen die Schwere aufwärts steigend ankämpft. Mozart betont die «guten» Zeiten und ihre natürliche rhythmische Tendenz; Beethoven kommt zu rhythmischen Akzenten durch eine aktive, bewußt in den Klang geballte Anstrengung und Kraftfülle. Mozart vergeistigt die natürliche Schwere, die er als Weltordnung akzeptiert, durch die Erhabenheit und Reinheit seiner musikalischen Gedanken; Beethoven ersetzt die natürlichen Schwereverhältnisse, derer er nicht wie Mozart froh werden kann, durch eine eigene entgegengesetzt tendierende Dynamik. Und so erhält der Rhythmus, durch die Energie seines Strebens, durch Anstrengung und Überwindung, ein sittliches Gewicht: Beethoven ersetzt die natürliche, von Mozart anerkannte, aber spirituell umgeschaffene Weltordnung durch die Kategorien des Ethos und des Idealen. Mozart ist naiv, Beethoven sentimental (im Sinne Schillers).

---

1 Gustav Becking, «Der musikalische Rhythmus als Erkenntnisquelle». Benno Filser, Augsburg 1928

Mozart. Miniatur auf Elfenbein. Anonym. Herbst 1777

Diese Analyse erklärt nicht nur den allgemeinen Gegensatz beider Meister, sondern auch viele Einzelheiten: Mozarts klare, dem natürlichen Rhythmus anheimgegebene und deshalb bei aller Präzision noch ungemein geschmeidige Kontur, das Runde und Monistische (in der Übereinstimmung von Naturgesetz und eigenem Gesetz) seiner schwerelos erscheinenden Musik. Beethoven aber erfreut sich weder am Natürlichen noch am Realen, sein tonales und dynamisches Streben wird um so gewalttätiger, je mehr er mit ihm die mechanisch gedeutete natürliche Schwere aufheben will; im Vergleich zu Mozart (der darin, aber nicht nur darin, mit Goethe einig geht) bleibt Beethoven dualistisch und gespalten. Bei ihm verwischen sich die rhythmischen und tonalen Konturen, so aktiv er auch die einzelnen Töne formt. Mozarts musikalische Welt orientiert sich stets am Realen, sie ist zum Greifen nahe und doch spirituell verwandelt; Beethoven überwindet die Schwere, die er ablehnt und die er mit eigner Anstrengung aufheben möchte, weniger als Mozart, der sie hinnimmt und doch vom Geiste her sublimiert. Beethoven ringt um eine ideale Welt; seine Musik führt in beglückender Weise dorthin, aber man merkt ihr dennoch an, wie sich ihr Schöpfer gewaltsam von der Erde abstößt, wie er sich von ihr zu lösen sucht. Mozart ist, gleich im ersten Ton schon, mitten im seligsten Musizieren, dabei immer mit sich selbst im Einklang; Beethoven ringt sich von seiner Erdverhaftung los und baut mit der Kraft des Titanen vor dem staunenden Hörer eine heroische, eine ideale Welt auf. Welche Beglückungen auch sie zu vermitteln vermag, braucht hier nicht dargelegt zu werden.

MOZARTS UNIVERSALITÄT

Nicht nur der besondere Rang seiner schöpferischen Aussage macht Mozarts Werk ungewöhnlich, sondern auch der Umstand, daß es so außerordentlich umfangreich ist und eine Vielzahl von Registern aufweist, die alle musikalischen Gattungen umfaßt. Obwohl ein nicht unerheblicher Teil der Kompositionen verlorenging oder unvollendet und damit zumeist unediert blieb, ist der Umfang des zugänglichen und interpretierbaren Werkes immer noch so gewaltig, daß seine vollständige und intime Kenntnis nahezu unmöglich ist. Und was die Vielseitigkeit anbelangt, so kommt kein anderer Komponist darin Mozart gleich: er ist der universalste aller unserer musikalischen Genien.

Der Versuch, dieser Viel-, ja Allseitigkeit in gebührender Weise gerecht zu werden, wäre ein vergebliches Bemühen. Es kann nur um eine — hin und wieder erläuternde — Aufzählung der vielen musikalischen Bereiche gehen, die Mozart meisterhaft beherrscht hat.

DAS KLAVIER

Mozarts früheste Kompositionsversuche beginnen, schon vom instrumentalen Unterricht her bedingt, mit der Klaviersonate oder zumindest mit Stücken für das Klavier; sie zielen aber bald, wenn auch noch mit unzulänglichen Mitteln, auf das Konzert ab. A. Schachtner bezeugt eine rührende Geschichte: eines Tages traf der von einem Ausgang heimkehrende Vater den etwa fünfjährigen Wolfgang notenschreibend an, obgleich der Bub noch nicht mit dem Federkiel umzugehen wußte. Er tauchte die Feder stets ganz tief ins Faß, so daß ihm, so oft er aufs Papier kam, ein Tintenklecks darauf fiel, den er mit den Fingern auswischte. In dem Durcheinander von Noten und Klecksen begann der Vater erst lachend zu lesen, bald aber wurde er ernst und zuletzt erschüttert: das Geschriebene sollte ein Klavierkonzert sein, war indessen unspielbar schwer. Für den kleinen Wolfgang war damals ein Konzert spielen und ein Mirakel wirken ein und dasselbe, wie Schachtner erläuternd sagt.

Das Klavier herrscht also in den frühesten Kompositionen vor, seien es nun Sonaten (oder Einzelsätze) für das Klavier allein, oder Sonaten für Geige (und Cello, also Triosonaten im alten Sinn, genauer: «Sonates pour le Clavecin avez l'accompagnement d'un Violon et d'un Violoncelle») und Klavier. KV 19 ᵈ (ein Werk des fast Zehnjährigen) ist für Klavier zu vier Händen, KV 24 und 25 sind *Variationen für Klavier*. Seine ersten Klavierkonzerte (KV 37–41) sind freilich noch Bearbeitungen fremder Sonatensätze (von Raupach, Schobert, Honauer, Eccard, C. Ph. E. Bach), das erste selbständige *Klavierkonzert in G-dur* KV 43ᶜ blieb nur Skizze.

Das Klavier wurde aber immer mehr sein Instrument: fast alles, was er für dieses Instrument schrieb, war zunächst für ihn (oder die ebenfalls klavierspielende Schwester) bestimmt. Wir wollen hier nicht so sehr von dem Klaviervirtuosen Mozart sprechen, als von dem Komponisten für das Klavier. Freilich sind beide schwer zu trennen. Eine Zeitlang allerdings scheint der Klavierspieler dem Komponisten nicht arg im Ohr gelegen zu haben: in den Jahren von 1767 bis 1773. In dieser Zeit überwiegen die Orchesterwerke, die Oper und die geistliche Musik. Im Jahre 1773 entsteht dann das *Konzert in D* KV 175, das Mozart auch später noch als sein Lieblingskonzert bezeichnet hat, 1776 folgen die *Konzerte in B* (KV 238) und in C (KV 246, das sogannte *Lützow-Konzert*); zwischen beiden steht das für die Damen Lodron, seine Schülerinnen, geschriebene *Konzert für 3 Klaviere in F* KV 242. In diesem prächtigen Stück hat er die Schwierigkeit der Parts genau abgestuft und vor allem die dritte Stimme — den Fähigkeiten der jüngsten Lodron entsprechend — leicht spielbar gehalten. Aber auch hier, wie immer bei Mozart, tut diese Rücksichtnahme der stilistischen Einheit und der Wirkung nicht den geringsten Abbruch. Im Jahre 1777 entstand das schöne *Konzert in Es* KV 271 (das sogenannte *Jeunehomme-Konzert*). Dazwischen, im Jahre 1774 komponiert, liegen die ersten «größeren» Sonaten für Klavier (KV 279 bis KV 283 können schon im Herbst 1773 vollendet gewesen sein). Nach den genannten fünf Konzerten schreibt er im Jahre 1778, in einer Zeit also, in der er das Geigenspiel noch selbst pflegt, seine ersten vollwertigen *Sonaten für Violine und Klavier*: KV 296, 301–306. Um die gleiche Zeit entstehen die ebenbürtigen, stilsicheren *Klaviersonaten* KV 309–311, und noch im selben Jahr KV 330–333. Im Jahre 1779 schreibt Mozart das *Konzert für 2 Klaviere in Es* KV 365 (wohl für Nannerl und ihn selber) und die *Sonate für Violine und Klavier in B* KV 378.

Überaus reich ist das Klavierwerk der Wiener Jahre, dessen größter Teil auf die Zeit von 1781 bis 1786 fällt. Es umfaßt zwanzig Werke für das Klavier allein (Sonaten, Variationssätze, Fantasien, Suiten, Fugen, Rondos), einen *Variationssatz für 4 Hände in G* (KV 501, 1786), eine *Fuge in g-moll für 2 oder 4 Hände* (KV 401, 1782), zwei *Sonaten für 4 Hände in F* (KV 497, 1786) und in C (KV 521, 1787); eine *Sonate für 2 Klaviere in D* KV 448 war bereits 1781 komponiert worden. In der Wiener Zeit entstehen ferner sechs Klaviertrios (1784–1786), zwei Klavierquartette (1785 und 1786), ein *Quintett für 4 Bläser und Klavier in Es* (KV 452, 1784), ferner eine Reihe von Werken für Violine und Klavier: 1781 die kaum bekannten, weil in den üblichen Ausgaben der Sonaten nicht enthaltenen Variationssätze KV 359 und 360, im gleichen Jahr die Sonaten KV 376 in F, 377 in F, 379 in G und 380 in Es; die *Sonate in A-dur* KV 385ᵉ (1782), und in B KV 454 (letztere komponierte er 1784 der Geigerin Strinasacchi; bei der öffentlichen Aufführung mußte er sich von Kaiser Joseph II. dabei ertappen lassen, wie er aus leeren Notenblättern spielte, da er wieder einmal nicht dazu gekommen war, den Klavierpart rechtzeitig niederzuschreiben), die Sonate KV 481 in Es von 1785 und schließlich KV 526 in A von 1787: das sprühendste, geistvollste Werk Mozarts für Geige und Klavier. Der erste wie der letzte Satz sind ein temperamentvoller Hürdenlauf, mit einer souveränen Kompositionstechnik geschrieben, der man die kontrapunktische Geläufigkeit anmerkt; das Andante zwischen den Ecksätzen aber ist von einer seligen, schwebenden Entrücktheit. Es folgte dann noch KV 547 in F (1788); die Sonate KV 570 sei hier übergangen, weil die Violinstimme später — sicher nicht von Mozart — dazukomponiert ist. In der Wiener Zeit entstehen zwei weitere Kostbarkeiten für Klavier: die Arie *Ch'io mi scordi di te* KV 505 für Sopran, obligates Klavier und Orchester (für Nancy Storace geschrieben) und das *Trio für Klavier, Klarinette und Viola in Es* KV 498, das sogenannte *Kegelstatt-Trio*. Mozart soll das Werk beim geliebten Kegelspiel konzipiert haben; besonders Hellhörige glauben in der Vierundsechzigstel-Figur am Schluß des sonst ausgehaltenen 1. Taktes das Rumpsen der fallenden Kegel zu vernehmen.

Den Höhepunkt des Klavierschaffens der Wiener Zeit bilden jedoch die siebzehn Klavierkonzerte, die bedeutendsten aus seiner stattlichen Sammlung von siebenundzwanzig Konzerten, und die beiden *Konzert-Rondos für Klavier und Orchester in D und A*, KV 382 und 386, vom Jahr 1782. In den auf Subskription geschriebenen Konzerten (die Liste vom Jahr 1784 umfaßt viele Namen von Rang in Wien) revolutioniert Mozart, soweit dieser Begriff auf ihn überhaupt anwendbar ist, den Typus des Konzerts: er gießt es in eine freie, sinfonische Form, in der das Soloinstrument alle seine Pracht und alle technischen Möglichkeiten entfalten kann und mit dem Orchester ein herrliches Spiel aller nur denkbaren Effekte treibt. In den späteren Jahren aber wird die Tonsprache verhaltener (deshalb nicht weniger schön und nicht weniger kunstvoll); den wirkungsvollen Gegensatz von Solopart und Begleitung des Orchesters löst eine immer intimere und transparentere Zwiesprache ab; die Begleitung wird selbständig und durchsichtig zugleich (oft umspielen nur einige Bläser in berückender Weise das verhalten konzertierende Klavier). Am 28. Dezember 1782 hatte Mozart noch von seinen ersten Wiener Schöpfungen dieser Gattung geschrieben: *Die Concerten sind eben das Mittelding zwischen zu schwer und zu leicht, sind sehr brillant, angenehm in den Ohren, natürlich ohne in das Leere zu fallen. Hie und da können auch Kenner allein Satisfaction erhalten, doch so, daß die Nichtkenner damit zufrieden sein müssen, ohne zu wissen warum.* In den späteren Jahren wandte sich Mozart immer mehr von den *langen Ohren* ab und verbarg das Beste, was er zu sagen hatte, in den ungeheuer verfeinerten Beziehungen zwischen Soloinstrument und Orchester. Dieser Werdegang — und die abnehmende Wirkung seiner Klavierkonzerte — ist den Daten seines Schaffens leicht abzulesen: 1782/83 schrieb Mozart drei Klavierkonzerte (KV 413, 414, 415), 1784 deren sechs (KV 449—451, 453, 456 und 459), 1785 und 1786 je drei (KV 466, 467, 482; KV 488, 491, 503). In den letzten fünf Jahren hat Mozart nur mehr zwei Konzerte geschrieben: im Jahre 1788, angeregt durch einen äußeren Anlaß, nämlich die Kaiserkrönung Leopolds II. in Frankfurt, das *Konzert in D* KV 537 (dessen Solopart er, um vor Diebstahl sicher zu sein, erst später niederschrieb, so daß heute stellenweise die linke Hand ergänzt ist) und als letztes Konzert KV 595 in B in seinem Todesjahr 1791. Mit diesem Konzert, das er am 4. März 1791 in einer Akademie des Klarinettisten Beer in Wien öffentlich spielte, nahm er (ohne es zu ahnen) als Pianist Abschied vom Wiener Publikum.

Die Kammermusik

In seiner Kammermusik mit Klavier, die teils mit Streichern, teils mit Bläsern (oder mit beiden) vergesellschaftet ist, fehlen eigentlich nur Sonaten für Violoncello und Klavier. Das lag aber noch an der Zeit. Das Violoncello ist auch noch in den Klaviertrios von Mozart, wenn auch nicht so stark wie bei den (übrigens später entstandenen) von Haydn, meist generalbaßartig behandelt. Nur gelegentlich reißt es die Führung an sich. Es emanzipiert sich später als die Bratsche, die Mozart viel mehr am Herzen lag; eigentlich erst in den späten Streichquartetten und -quintetten. Noch bunter, aber auch noch differenzierter wird die Palette seiner Kammermusik für Streicher allein und für Streicher unter Hinzufügung einzelner Bläser.

Das Kernstück seiner Kammermusik bilden die sechsundzwanzig Streichquartette und die sechs Streichquintette. Über das Streichquartett wäre viel zu sagen, da gerade diese Form — wohl die schwerste von allen Musikgattungen — auch einem Mozart nicht in den Schoß fiel. Die dreisätzigen *Divertimenti* KV 136—138 dürfen wir übergehen; sie sind in ihrer Besetzung — zwei Geigen, Viola, Baß — keine Streichquartette, sondern Ouvertüren im italienischen Stil für Streicher. Nur als Vorläufer müssen die ebenfalls noch dreisätzigen *Mailänder Streichquartette* gelten, die Mozart auf seiner dritten Italienreise, im Spätherbst 1772 bzw. im Winter 1772/73 wohl in Bozen oder Verona begonnen, größtenteils aber in Mailand niedergeschrieben hat. Es handelt sich um die Werke KV 155—160, sowie um KV 80 (= 73 f). Von letzterem entstanden die ersten drei Sätze in Lodi am 5. März 1773, der vierte Satz (der zum erstenmal erscheint) im Winter 1773 oder Anfang 1774 in Salzburg. Von KV 159 und 160 ist sicher, daß sie in Mailand geschrieben wurden.

Diese sogenannten *Mailänder Quartette* haben noch sinfonische bzw. orchestrale Züge, wenn auch statt Violinen, Cello, Baß die eigentliche Streichquartett-Besetzung (2 Violinen, Bratsche, Cello) vorgeschrieben ist und einzelne Sätze schon sehr aufgelockert sind. Sie besitzen, wie erwähnt, drei meist kurze Sätze; ein einleitendes Allegro (oder Presto), ein Andante (oder Adagio) und als Schlußsatz ein Menuett oder Presto. Nur das fünfte Quartett, KV 159, fällt aus dem Rahmen: es beginnt mit einem Andante grazioso und hat ein Allegro als zweiten Satz und ein Rondo als Schlußsatz.

Saint-Foix hat weitere vier Quartette aus dieser Zeit (1773) aufgefunden. Dagegen sind die «Sei quartetti capricciosi» aus dem Besitz von Wollheim und Heinemann, die Mozarts Namen tragen, nicht von ihm. Abert, der (1929) eine genaue Beschreibung und Analyse geliefert und zwei der Quartette in Partitur veröffentlicht hat, begründet, warum diese Quartette, die auf den Hofrat André (den Autographensammler Mozartscher Werke und Verleger in Offenbach) zurückgehen, nicht von Mozart stammen können. Gegen Mozart spricht die trockene, etwas pedantische, nirgendwo improvisatorische Kompositionstechnik, der fast starre Kontrapunkt, das Fehlen von Wiederholungszeichen, die Verkürzung der Reprisen und die Kürze der Codas, die Umstellung der Themen nach der Art Sammartinis und schließlich die — im Gegensatz zu Mozarts Notierung — sorgfältig, fast maniert bezeichnete Dynamik.

Zeitlich nicht weit von den *Mailänder Quartetten* entfernt, aber stilistisch ein gutes Stück weiterentwickelt sind die sogenannten *Wiener Streichquartette*, komponiert im August (KV 168–171) und im September 1773 (KV 172 und 173) in Wien. Hier hatte Mozart die Bekanntschaft mit Haydns Quartetten op. 17 und den soeben erschienenen, sogenannten Sonnenquartetten (op. 20) gemacht, und dieser Eindruck war für ihn bestimmend gewesen. Auch wenn er nun in jedem Quartett vier ausgewachsene Sätze schreibt, dem Menuett eine besondere Sorgfalt angedeihen läßt (schon in Italien hatten ihn die allzu langatmigen Menuette gestört und er hatte versucht, den kurzen «Wiener Quartett-Gusto» des Menuetts in Italien einzuführen), in zwei Quartetten, nämlich dem ersten und dem letzten, Schlußfugen schreibt (in op. 20 von Haydn haben Nr. 2, 5 und 6 als Finale eine Fuge), wenn auch weitere Analogien greifbar sind, angefangen von den Tonarten bis zu wörtlichen Übernahmen, so bleibt doch deutlich, daß der siebzehnjährige Adept des Streichquartetts den um vierundzwanzig Jahre älteren, ausgereiften Haydn noch nicht erreichen kann. Nie wieder hat Mozart so ohnmächtig zu einem Vorbild aufgeblickt, auch später nicht, als er Bach begegnete. Daran ändert auch der Umstand nichts, daß mitunter die Pranke des Löwen erkennbar wird, wie zum Beispiel in der bereits (auf S. 81) zitierten Fuge des Schlußsatzes von KV 173, die auch Bach keine Schande machen würde.

Mailand: Inneres des Theaters. Stich von Marc' Antonio dal Re

Mozart wird Haydn erst in dem nächsten halben Dutzend seiner nun «großen» Streichquartette ebenbürtig, die nach einem Intervall von fast zehn Jahren von 1782 bis 1785 in Wien entstanden und denen von Haydn nicht nur «nachgearbeitet», sondern ihm auch gewidmet sind. Über sie haben wir bereits gesprochen, vor allem ausführlich über das fünfte in A (KV 464). In den vier Streichquartetten, die danach noch folgen (als einzelnes entstand 1786 das in D KV 499; die drei dem preußischen König Friedrich Wilhelm II. gewidmeten Streichquartette wurden im Sommer 1789 [KV 575 in D] und im Sommer 1790 [KV 589 in B, KV 590 in F] komponiert), tritt die bei den Haydn gewidmeten Quartetten stark verwendete

thematische Arbeit wieder zurück: alles fließt freier, improvisierter (oder man merkt ihm die Arbeit weniger an). Die aufs glücklichste in ihrem Eigenwert behandelten Instrumente vereinigen sich zu strahlend-verhaltenem Jubel. Bei den sogenannten *Preußischen Quartetten* ist zwar das Violoncello — für den dieses Instrument spielenden königlichen Auftraggeber und zur bleibenden Freude aller Cellisten, die im übrigen von Mozart sonst nicht sehr verwöhnt worden sind — besonders kantabel behandelt; bis auf das Menuett-Trio in KV 575 haben aber auch 2. Geige und Bratsche den gleichen Anteil an Kantilene und Melodie wie die 1. Geige. An gleichwertiger Behandlung aller Stimmen, an streicherischem Wohllaut und musikantischer Freude sind diese Quartette nie übertroffen worden, auch von Beethoven nicht.

Man sollte nicht glauben, daß die hohe Kunst der letzten zehn Streichquartette — beim gleichen Meister — noch einer Steigerung fähig sei: und doch muß man das in gewissem Sinn von seinen Streichquintetten sagen, die einen besonderen Rang nicht nur im Schaffen Mozarts, sondern in der ganzen Musikliteratur einnehmen.

Schon der Klang von zwei Bratschen, in immer noch kleiner Streicherbesetzung, ist betörend; aber diese zwei Bratschen bewegen sich nun in der freiesten Weise. Sie können sich ebenso zum Diskant wie zum Baß schlagen; sie können ein Doppel gegen die beiden Geigen bilden, sie können sich trennen, indem die erste Bratsche sich den Oberstimmen, die zweite dem Baß verschwistert. An dieser Fülle der Möglichkeiten hat sich Mozart besonders in seinem *Streichquintett in C* KV 515, komponiert im Jahr 1787, begeistert: der erste und vierte Satz sind Musterbeispiele für das kompositorische Vergnügen, mit der reichen Farbskala der Mittelstimmen zu spielen.

Aber Mozarts Quintettschaffen beginnt nicht erst mit KV 515. Das früheste, unter KV 46 laufende Werk können wir allerdings übergehen, da es nur als Arrangement von Mozart stammt. Das erste authentische Streichquintett ist KV 174 in B, im Frühjahr 1773 geschrieben. Es entstand in Salzburg, unter dem Einfluß eines Werkes gleicher Besetzung in C von Michael Haydn (Joseph Haydn hat zwei kaum bekannte Streichquintette geschrieben); im Herbst 1773 hat Mozart das Trio durch ein neues ersetzt und das Finale gänzlich umgearbeitet; dennoch ist das Werk stilistisch unausgeglichen geblieben.

Die «großen» Streichquintette Mozarts fallen in seine spätere Wiener Zeit, vom April 1787 bis ins Jahr 1791. Der Anlaß ihrer Entstehung ist unbekannt, doch ist sicher, daß diese Quintette nicht unbeeinflußt sind von Luigi Boccherini aus Lucca, der im Jahre 1786 preußischer Hofkomponist geworden war. Er ist mit seinen rund 150 Streichquintetten der fruchtbarste Komponist dieser Gattung geblieben, zumal er für einen cellospielenden Auftraggeber zu schreiben hatte. Mozart hat vielleicht ebenfalls an die Möglichkeit einer Dedikation von Streichquintetten an den König Friedrich Wilhelm II. von Preußen gedacht; dann hätte er ein halbes Dutzend gebraucht (man dedizierte damals serienweise). Für diese Absicht Mozarts spricht, daß er eine Bläserserenade (KV 388 für 2 Oboen, 2 Klarinetten, 2 Hörner und 2 Fagotte von 1782) im Jahre 1787 für Streichquintett bearbeitet hat (es wurde KV 406). Diese Transkription ist zwar authentisch und es ist bewunderswert zu sehen, wie Mozart acht Bläserstimmen auf fünf Streicher verteilt; aber in dieser Bearbeitung ist der Bläsersatz immer noch herauszuhören, und man kann dieses Werk nicht eigentlich zu den «großen» rechnen.

Das erste «große» Quintett ist das bereits erwähnte in C KV 515, dessen endgültigem erstem Satz übrigens eine unvollendet gebliebene Skizze (Anh. 80 = KV 514 ᵃ) vorausgegangen war. Mozart hat diese Skizze verworfen und einen neuen ersten Satz komponiert, in dem der Dialog zwischen 1. Geige und Cello geführt wird; im Andante aber vereinen sich 1. Geige und 1. Bratsche zu einem innigerhabenen Zwiegesang, in dem die Bratsche sich in unerhörter Weise emanzipiert.

Vielleicht ist wichtig zu erwähnen, daß es nicht selbstverständlich

Salzburg: Wohnhaus der Familie Mozart am Hannibal- (jetzt: Makart-)Platz. Lithographie nach G. Pezold, um 1840

eine weitere Bratsche ist, die das Streichquartett zum Streichquintett ergänzt. Bei Michael Haydn, Ignaz Holzbauer und Carl Stamitz sind zwar zwei Bratschen notiert, aber bei Boccherini, der schon vor Michael Haydn Quintette schrieb, ist es zweifelhaft, ob das fünfte Instrument eine Bratsche oder ein Cello ist. Es ist als «alto Violoncello» bezeichnet, aber durchweg im Bratschenschlüssel notiert. Dachte Boccherini, was — im Sinn des solistischen Orchesterquintetts — wahrscheinlich ist, wirklich an ein zweites Cello (die Praxis übt es seit langem so), dann bleibt Mozarts Festhalten an zwei Bratschen beachtlich. Es ist wohl seiner konservativen Art und seiner Liebe zur Bratsche, nicht aber einem hypothetischen königlichen Auftraggeber, der kein zweites Cello neben sich geduldet hätte (es aber bei Boccherini doch tat), zuzuschreiben, daß Mozart die ausgewogenere Besetzung für zwei Geigen, zwei Bratschen und ein Cello wählt. Erst in Schuberts Quintett op. 161 ist durch die überwiegende Diskantlage des ersten Cellos wieder eine neue Klangfarbe gewonnen, die sich andererseits dem orchestralen Klang annähert, wenn sich beide Celli, wie im Scherzo, im Baß bewegen. Streichsextette, bei denen über die Besetzung (je zwei Geigen, Bratschen, Celli) kein Zweifel sein kann, hat Mozart nicht geschrieben; hier beherrschen die wundervollen Werke von Brahms (op. 18 und 36) das Feld.

Das *Streichquintett in g-moll* KV 516 ist für viele «Eingeweihte» das größte. Es ist in Stimmung, Verhaltenheit und Entrücktheit verwandt mit der *Sinfonie in g-moll* KV 550. Auch in ihm stehen 1. Geige und 1. Bratsche in Zwiesprache miteinander: nicht so solistisch wie in KV 515, sondern auf eine verstecktere, gedämpftere, mehr dem Moll-Charakter des Werks angepaßte Weise. Mozart hat dieses Quintett während der schweren Krankheit seines Vaters im Frühjahr 1787 niedergeschrieben; damals erwartete er nicht nur den Tod des Vaters, sondern war auch mit dem Gedanken an den eigenen Tod innig vertraut.

Das nächste Streichquintett entstand erst im Dezember 1790 (KV 593 in D). Dem Allegro des ersten Satzes hat Mozart ein Larghetto vorangestellt, das mit einem Dialog zwischen Cello und Primgeige beginnt, gleichsam in Frage- und Antwort-Form, die sich mehrmals nacheinander in einer jeweils höheren Stufe wiederholt. Das Larghetto kehrt am Ende des Satzes noch einmal wieder, gekrönt von dem als Abschluß dienenden spritzigen Lauf des Allegro-Beginns. Das Adagio ist sehr feinsinnig polyphon durchgeführt, das Menuett und Trio ist dem Geiste Haydns verpflichtet. Der Schlußsatz ist ebenso spielerisch wie meisterhaft komponiert. Hier hat Mozart den ursprünglichen, über eine Quint chromatisch hinablaufenden Einsatz (wir wissen aus den Quartetten, wie sehr er diese Folgen liebte) durch einen kleinen Kunstgriff ins Geistvolle gewendet:

ursprünglich:

später:

Das letzte Streichquintett Mozarts, KV 614 (April 1791), ist vielleicht das am meisten vernachlässigte. Es steht in Es und weist erhebliche technische Schwierigkeiten auf, die im ersten Satz vor allem in den ostinat wiederkehrenden Pralltrillern liegen. Besonders schwierig ist der 1. Geigenpart. Dazu ist das Tempo «allegro di molto»; es muß also frisch und spritzig dahineilen. Das Violoncello kommt etwas zu Wort, aber nicht mehr als die 1. Bratsche. Das Andante hat bei aller Einfachheit einen besonderen Liebreiz: das Thema ist eine Reminiszenz an *Die Entführung aus dem Serail* (*Wenn der Freude Tränen fließen*). Die über dieses Thema ausgeführten Variationen sind ebenso in ihrer Kompositionskunst zu bewundern, wie in der gelassenen, besinnlichen Heiterkeit und beseelten Freude, die sie ausstrahlen. Das Menuett erinnert sehr an Haydn, ebenso die Behandlung der Primgeige im Finale, das ein Thema von verblüffender Einfachheit und als Überraschung eine kunstvolle, kontrapunktische Durchführung bringt.

Aber nicht nur in der Behandlung von vier oder fünf Streichinstrumenten zeigte sich Mozart als Meister, sondern auch in der noch heikleren Gattung des Duos und Trios. Nimmt man die durchaus akademischen Geigen-Duos der Literatur zum Vergleich (z. B. Haydn, Mazas, Pleyel; Spohr hat sich in die Virtuosität geflüchtet; echte Musik mit zwei Geigen vermag erst wieder Bartók zu machen), so zeigt sich die Genialität der Mozartschen Duos. Nun sind sie freilich für Geige und Bratsche geschrieben, aber sie stehen in ihrem Rang weit über den drei Duos gleicher Besetzung von Franz Neubaur (1760 bis 1795), dem genialischen Böhmen, oder von Ernst Eichner (1740 bis 1777), ja selbst von Carl Stamitz. (Am Rande sei erwähnt, daß Beethoven leider nur ein Werk für zwei Streicher geschrieben hat, nämlich — in Form eines Sonatensatzes — das «Duo für obligate Augengläser» für Bratsche und Cello.) Die beiden *Duos für Geige und Bratsche* KV 423 und 424 hat Mozart während seines Aufenthalts in Salzburg im Jahre 1783 komponiert, und zwar um Michael Haydn, dem für eine vom Erzbischof bestellte Reihe noch zwei Duos fehlten, damit aus der Not zu helfen. Mozart hat sein Urheberrecht später wieder beansprucht, was beweist, wie sehr er diese beiden Kompositionen geschätzt hat. Hier handelt es sich um vollwertige Kammermusik; es sind auch die einzigen Duos, die sich im Konzertsaal gehalten haben. Das erste in G hat nach einem schnellen ersten Satz ein langsames, sehr großatmiges Adagio; es ist erstaunlich, wie zwei Streichinstrumente ein so ruhiges Zeitmaß füllen können. Im Schluß-Rondo, das nur so dahinstürmt, wechselt das Thema in lebendigster Weise zwischen den beiden Streichern ab. Im zweiten *Duo in B* ist dem Allegro des ersten Satzes eine sehr breite, voll klingende Einleitung vorangestellt; das Allegro selbst ist viel verästelter, kunstvoller und spröder als der erste Satz des ersten Duos. Ihm folgt ein Andante, in dem die Bratsche durch Doppelgriffe «füllig» wird. Das Großartigste aber sind die Variationen des Schlußsatzes (sechs an der Zahl), die als ein einzigartiges Kabinettstück der Laune, des Einfalls, der Kompositionskunst und der Fähigkeit, zwei Streichinstrumente auszuschöpfen, anzusehen sind.

In der Gattung des Streichtrios hat Mozart nur ein einziges, dafür aber wundervolles Werk hinterlassen, ein seinem Gläubiger Michael Puchberg gewidmetes, breit angelegtes, sechssätziges *Divertimento in Es* (KV 563 vom Jahr 1788). Der erste Satz hat eine sorgsam gearbeitete, harmonisch kühne Durchführung; das folgende Adagio hat einen großen Atem und ist voll der überraschendsten Durchgänge. Diese beiden Sätze wie auch der quicklebendige Schlußsatz zeigen strenge und dabei harmonisch schon weitgehend aufgelöste Sonatenform. Die beiden Menuette sind in ihrem Charakter teils bäurisch tänzelnd, teils (vor allem das Trio des zweiten) außerordentlich vergeistigt. Der kostbarste Satz ist vielleicht das zwischen beiden Menuetts stehende einfach schlichte Andante, ein durchsichtiges und mit den sparsamsten Konturen skizziertes Stück, in dem das Thema meisterhaft, zum Teil wieder harmonisch sehr verästelt, variiert ist. Mozarts volle Schöpferkraft zeigt die letzte Variation in Form eines gewaltigen Cantus firmus der Bratsche, deren unbeirrbare Zuversicht wie ein unerschütterlicher Felsen in der Brandung der Geigen- und Celloläufe steht.

Besonders reizvoll ist es, wenn Mozart — unter kammermusikalischen Bedingungen — ein Blasinstrument mit Streichern kombiniert.

Am leichtesten wiegen wohl die drei Flötenquartette (für Flöte, Geige, Bratsche und Cello) KV 285, 285 ª und 285 ᵇ, in D, G und C, zwischen November 1777 und Februar 1778 in Mannheim geschrieben. Sie waren von dem Holländer de Jean (den *holländischen Indianer* nennt ihn Mozart) bestellt und es sollten eigentlich sechs werden. Mozart hatte Mühe mit der Komposition, er mochte die Flöte und vielleicht auch den Besteller nicht. Der zog ihm, weil Mozart nicht nach Verabredung lieferte, am Honorar gehörig ab, und obendrein zürnte auch noch der Vater wegen der verscherzten Einnahme; alles half aber nichts, es blieb bei der halben Arbeit. Das erste in D ist ein im Umfang vollwertiges Quartett mit drei

Brief Mozarts an den Kaufmann Puchberg vom
14. August 1790, mit der Bitte um ein Darlehen

Sätzen, aus denen das Adagio des Mittelsatzes in h-moll mit seiner süßen Schwermut herausragt; das Kolorit der klagenden Flöte mit dem gedämpften, fast geisterhaften Pizzicato der Streicher ist überwältigend. Die anderen beiden Quartette sind nur zweisätzig. Den mangelnden Ernst Mozarts erkennt man auch im letzten Flötenquartett KV 298 in A, das erst in Wien (1786) entstanden ist. Statt Rondo steht als Parodie im Autograph: *Rondieaoux, Allegretto grazioso, ma non troppo presto, però non troppo adagio, Così — Così —; con molto garbo ed Espressione.*

Ein überaus schönes Werk ist das *Quartett für Oboe, Geige, Bratsche und Cello in F* (KV 370, in München im Januar 1781 für seinen Freund Ramm komponiert), obgleich es — wie das erste Flötenquartett — nur dreisätzig ist. Hier ist viel mehr Sorgfalt und Reichtum der Erfindung zu spüren, die Oboe zeigt jenen noblen, ein wenig steifen Abstand von den Streichern, der ihrem eigenwilligen, stark vergeistigt wirkenden Kolorit entspricht.

Noch einmal eine Steigerung bedeutet das viersätzige *Klarinettenquintett* (eine Geige mehr, also ein volles Streichquartett mit Klarinette, *dem Stadler sein Quintett*, KV 581 in A, am 29. September 1789 in Wien komponiert). Man merkt diesem Werk nicht an, wie trüb, ja, hoffnungslos die Zeit für Mozart war, als es entstand: hier mischt sich der erdhafte, saftige und doch der Entrückung fähige Schalmeienton der Klarinette, in seinem ganzen Umfang zum erstenmal gehandhabt, mit der Süße der Streicher. Sinnlich und seelenhaft zugleich, wie R. Gerber sagt, ist diese Synthese: der Wohlklang, bedingt durch den samtenen Schmelz der Klarinette, geht noch über den der *Preußischen Quartette* hinaus. Und welche Vielfalt der Aussage und Farbe gelingt der Klarinette: eine sinnliche Beschaulichkeit im ersten Satz, im Larghetto, eine Entrückung von der Erde, die der Resignation des Andante im späteren Klarinettenkonzert bereits benachbart ist, eine bäurische Dudelei im Menuett (dessen a-moll-Trio nur den Streichern vorbehalten ist) und eine spielerische Fröhlichkeit im Variationssatz, der mehr als bisher die Streicher gegen die Klarinette absetzt, gleichzeitig aber beide Klangqualitäten innig miteinander vermischt.

Gemessen an der kammermusikalischen Intimität des *Klarinettenquintetts*, ist hier ein anderes Quintett mit einer gewissen Reserve zu nennen: das *Quintett für Horn, Geige, zwei Bratschen und Cello* (KV 407, 1782/83 in Wien komponiert). Es ist für Mozarts Freund Leitgeb, den hornblasenden Käsehändler geschrieben, und läßt in den Ecksätzen die damalige Beschränkung des Instruments erkennen, die Mozart hier mehr als sonst verulkt hat. Es ist offenbar die Absicht Mozarts, bestimmte Läufe im Horn und in der Geige wörtlich zu wiederholen; was der Geige leicht gelingt, läßt das Horn oft genug stolpern und gacksen. Im dritten Satz kichert die Geige zu akrobatischen Hornläufen mit schadenfrohen Trillern; im Andante aber — auch dieses Quintett ist nur dreisätzig — lösen Horn und Geige einander in einem ernsten, innigen Dialog ab; dieser Satz bleibt mehr als die beiden anderen im Rahmen der Kammermusik.

Hier wäre auch kurz zu erwähnen das Adagio und Rondo für Flöte, Oboe, Bratsche, Cello und Glasharmonika KV 617 in c-moll (das Rondo steht allerdings in C-Dur). Trotz der beschränkten Möglichkeiten der Glasharmonika, deren rotierende Schalen vom Spieler mit wasserbenetzten Fingern angestrichen werden, ist es ein zauberhaftes, hintergründiges Stück: die Musik scheint von ganz ferne her zu kommen, sie erinnert in ihrem zarten, verschwebenden Hauch an «Sphären»-Klänge.

Die Grenze zum Orchester-Divertimento streift der *Musikalische Spaß* (KV 522 in F, komponiert in Wien am 14. Juni 1787; das Autograph war einst im Besitz Franz Schuberts) für 2 Geigen, Bratsche, Baß und 2 Hörner. Er ist eine Parodie auf komponierendes Stümpertum und einer der genialsten Einfälle Mozarts. Denn in der Demonstration des Nichtkönnens noch Witz und Grazie und ein integrales Maß von nahezu unbemerktem Können zu entwickeln, das ist allein ihm vorbehalten geblieben. Für Mozart war jede falsche Note — nach Einstein — «eine Verletzung der Weltordnung». Und im *Musikalischen Spaß* hapert es an allem: an der Symmetrie (vier Takte, dann drei als Entsprechung), an der fehlenden Betonung der Grundtonart (viel zu früh erklingt der Leitton zur Dominante), an der mangelnden Fähigkeit logischen Fortspinnens der Themen (sie werden abgehackt nebeneinander gereiht), an der gehörigen Modulation (die allerdings oft nach trügerischer «falscher» Fortführung überraschend «richtig» klingt), an dem Sinn für die Ausgewogenheit der Begleitung (es tapsen zum Beispiel bombastische Triolen gegen eine ostinat und stümperhaft geführte Melodie, oder man hört einige Takte lang nur unbeholfene Begleitfiguren). Bequeme Terzen werden weitergeführt, auch wenn sie nicht mehr passen, ja wenn sie, wie im Menuett, zu einem völlig atonalen (herrlichen!) Fiasko der Hörner führen. Das Adagio, das zu Herzen gehen soll und in dem die Hörner schweigen, setzt eine Reihe von leeren Floskeln aneinander, die sich in der Kadenz zu billigen, zusammenhanglosen Kunststücken versteigen, die in einem Lauf enden, der um einen halben Ton zu hoch hinaufklimmt. Im Schlußsatz ist vor allem der Versuch der thematischen Verarbeitung auf das herrlichste verspottet, die Rückführung zum Thema, von der man nie weiß, ob sie gelingen will, ist viel zu lang geraten, und schließlich verselbständigen sich, das Werk krönend, die Instrumente: die Hörner bleiben in der Ausgangstonart F, die erste Geige aber spielt in G, die zweite in A, die Bratsche in Es und der Baß in B-dur. Aber nur zwei Takte lang mutet uns Mozart diese schon längst fällige Kakophonie zu; seine Kunst verstand es bis dahin, bei allen Holprigkeiten und bei aller offenen Demonstration des Stümpertums, doch stets die Schönheit zu wahren, die durch soviel Humor gewürzt ist, wie kein anderes Werk der Musikgeschichte.

DIE ORCHESTERMUSIK

Die Gattung als solche umfaßt zahlreiche Divertimenti und Notturni, Serenaden und Cassationen, Märsche und Tänze, und schließlich die Sinfonie im strengen Sinne. Mozarts Farbskala im Orchestralen reicht vom reinen Streicherklang einerseits (wie in den frühen Divertimenti KV 136—138, die heute wieder mit viel Erfolg von führenden Kammerorchestern gespielt werden) und ausschließlicher Bläserbesetzung andererseits zu der vielfältigsten Mischung von Streichern und Bläsern, wobei ihm immer wieder neue Nuancen gelingen. Bläser auf die anmutigste und doch bestimmteste Weise mit dem Streicherklang zu kontrastieren und zugleich zu amalgamieren, ist recht eigentlich, in dieser spezifischen Handhabung, die Erfindung Mozarts gewesen: darin ist auch der Haydn der späten Sinfonien Mozarts Schüler geworden.

Dieser differenzierte Sinn für die Orchesterfarbe und für den besonderen Klang eines jeden Instruments war bei Mozart von Jugend an ausgeprägt. Schon in seinen frühesten Sinfonien und Divertimenti mischen sich Oboen warm und doch metallen mit den Streichern; die Oboen setzen dabei die hellen Glanzlichter. In manchen Divertimenti ist diese eben genannte Besetzung beibehalten (KV 63, 99, 251; letzteres allerdings mit nur einer Oboe), oder er schreibt nur zwei Hörner außer den Streichern vor (KV 205, 286, 287, 334). Die Flöte kommt, außer bei relativ großer Bläserbesetzung, in seinen Serenaden und Divertimenti nur selten vor; dagegen weiß er die Pauken in großartiger, nahezu selbständiger Weise zu gebrauchen und etwa den Streichern (ohne Bläser) gegenüberzustellen, aber auch mit den Streichern klanglich zu verbinden (ein besonders schönes Beispiel ist die *Serenata notturna* KV 239 in D für zwei kleine Streichkörper, von denen einer Pauken hat). Die Trompeten geben dem Orchesterklang eine strahlende Festlichkeit, aber auch eine gewisse expansive Breite. Mozart liebte sie außerordentlich; noch mehr aber die Klarinetten, die er freilich in Salzburg entbehren mußte. Das erste

Mal erscheinen sie in einem in Mailand (1771) geschriebenen *Divertimento in Es* (Concerto) KV 113 für 2 Violinen, Viola, Baß, 2 Klarinetten, 2 Hörner (später hat er noch 2 Oboen, 2 Englischhörner und 2 Fagotte hinzugefügt).

Die Besetzung seiner Divertimenti und Serenaden ist mannigfaltig. Neben Werken mit Streichern und einzelnen Bläsern finden sich Divertimenti mit Bläsern allein, wobei die Zahl und Art der Bläser stark variiert. Die häufigste Besetzung sind 2 Oboen, 2 Hörner, 2 Fagotte (KV 213, 240, 252, 253, 270, 289). Dazu kommen bisweilen noch 2 Klarinetten (KV 196 ^{c} und 196 ^{f}, 375, 388), mitunter auch noch 2 Englischhörner (KV 166, 186). Das ergibt eine ungemein reiche Skala von klanglichen Möglichkeiten. Eine besonders kühne und reizvolle Besetzung findet sich in KV 187 und 188: es sind Divertimenti für 2 Flöten, 2 mal 5 Trompeten und Pauken. Die sogenannte *Gran Partita* (Serenade) KV 361, wohl Mozarts gewaltigstes Werk für Bläser, (1781), ist für 2 Oboen, 2 Klarinetten, 2 Bassetthörner, 4 Waldhörner, 2 Fagotte und Kontrabaß geschrieben. Der Streichbaß kann nicht durch ein Kontrafagott ersetzt werden: weil letzteres (abgesehen von dem fehlenden Kontrast und der Verfälschung des Klanges) die im zweiten Trio des zweiten Menuetts, in der sechsten Variation und im Schlußrondo gelegentlich verlangten Pizzicati nicht bringen kann.

Die Bläser-Divertimenti sind Kostbarkeiten, die freilich nur derjenige ganz erfassen kann, der den betörenden Klang der verschiedenen Bläser und ihrer raffinierten Mischungen bewußt zu hören bereit ist. Mozarts Bläserwerke haben eine gestochene Kontur; sie reichen von der gläsernen Kühle bis zur warmen und doch vergeistigten Sinnlichkeit. Allein die klanglichen Abstufungen zwischen Oboe, Englischhorn, Bassetthorn, Klarinette, Fagott wirken zauberhaft; wie er das Helle, Spröde der Oboe gegen die leicht näselnde Schwermut des Englischhorns und dann wieder das Schnarrende und Metallene des Bassetthorns gegen die schalmeienhafte Süße und Wärme der Klarinette abgesetzt hat, ist unvergleichlich. (Hier sind auch die intimeren, rein kammermusikalischen Bläserbesetzungen zu erwähnen: die fünf Divertimenti für 2 Klarinetten (Bassetthörner) und Fagott KV 439 ^{b}, das Adagio für 2 Bassetthörner und Fagott KV 484 ^{d}, das Adagio für 2 Klarinetten und 3 Bassetthörner mit seiner ergreifenden Verklärtheit KV 484 ^{a}.)

Unter dem runden Dutzend seiner erhaltenen Märsche (verloren ist KV 544, ferner stammen KV 206 und 362 aus *Idomeneo*) finden sich die verschiedensten Besetzungen: 2 Hörner mit Streichern in KV 248, 290, 445; nur Bläser (die «Harmoniebesetzung»: 2 Oboen, 2 Klarinetten, 2 Hörner, 2 Fagotte) in KV 384 ^{b}. Trompeten sind (nebst Flöten oder Oboen und Hörnern) verwendet in KV 189, 214, 237 (bei KV 237 sind auch noch 2 Fagotte vorgeschrieben), 249, 320 ^{a} und 383 ^{e}, ^{a}, F (letzteres ist eine Folge von drei Märschen für die genannten Bläser, Fagotte, Streicher und Pauken).

Mozarts Märsche haben vorherrschend den Charakter der Behäbigkeit und Gemessenheit. Sie sind, trotz Trompeten, nie grell und aufreizend, nie martialisch; die Kantilene überspielt den Marschtritt. Seine Kompositionen *Ein deutsches Kriegslied* für Singstimme mit Orchester KV 539 und das Lied *Dem hohen Kaiser-Worte treu* (*Beim Auszug ins Feld*, KV 552), lassen jede ansteckende Kriegsbegeisterung vermissen. Vor allem das erstgenannte Werk mit dem Text *Ich möchte wohl der Kaiser sein* hat unverkennbar humoristische Züge; es ist ein recht fröhlicher und ungefährlicher Salon-Krieg, den Mozart in diesem Liede malt.

Umfangreich ist die Tanzmusik für Orchester, die Mozart hinterlassen hat. Sie umfaßt die Gattungen des Menuetts, des Deutschen Tanzes und des Contre-Tanzes.

Von seinen insgesamt über hundert Menuetten reichen die ersten bis in seine Jugend zurück (das Orchester-Menuett KV 25 ᵃ ist freilich von Beethoven). Aus dem Jahr 1769 stammen mehrere Serien von dreimal sechs, dann von sieben und neunzehn Menuetten für Streicher und verschiedene Bläser. Einzelmenuette (wie KV 64 und 122) sind äußerst selten. Am interessantesten, mit Klarinetten, sind seine späteren Menuett-Folgen: KV 586 von 1788 (12 Deutsche Tänze), KV 585, ebenfalls von 1788 (12 Menuette), KV 599 von 1791 (6 Menuette), KV 601 von 1791 (4 Menuette) und KV 604 von 1791 (2 Menuette). Mozart hat an dem von Haydn übernommenen langsamen Menuett-Charakter festgehalten, alle seine Menuette sind noch als Tänze und nicht als von der Vorstellung des Tanzes losgelöste Sinfoniesätze empfunden. Sie müssen deshalb entsprechend langsam wiedergegeben werden.

Der Deutsche Tanz (oder Teitsch, wie er in die italienische Fachsprache überging) ist eine im Tempo und Charakter den Deutschen besonders angemessene Tanzform. Sie ist dem Ländler mehr angenähert als dem Walzer (auch langsamer als der letztere). Der Teitsch hat etwas Behäbiges, mitunter sogar Schwerfälliges oder gar Polterndes. Dieser Tanz war im Wien des ausgehenden 18. Jahrhunderts sehr beliebt und es ist hervorzuheben, daß wir die sechsundfünfzig zwischen 1787 und 1791 komponierten Deutschen Tänze Mozarts Eigenschaft als «Kammer-Kompositeur» verdanken. Das Gehalt von 800 Gulden jährlich bekam er im wesentlichen für seine Obligation, Tanzmusik für die im Redoutensaal der Hofburg stattfindenden Karnevalsbälle zu schreiben; dafür war das Honorar nicht einmal übel. *Zu viel für das, was ich leiste, zu wenig für das, was ich leisten könnte,* formulierte Mozart in seiner resignierten Prägnanz.

Auch die deutschen Tänze sind serienweise geschrieben (je sechs in KV 509, 571, 600; KV 606 trägt die Bezeichnung *Sechs ländlerische Tänze*, womit der Charakter all dieser Werke von Mozart selbst sehr genau umschrieben ist). Sechs Tänze sind es in KV 600, vier in KV 602, drei in KV 605; der alleinige Einzelgänger, zugleich sein letzter Teitsch, ist KV 611 (am 6. März 1791 geschrieben). Als weiterer Einzelgänger in einer anderen Gattung sei noch die (nichtedierte) Gavotte von 1778 (KV 300) erwähnt.

Diese Deutschen Tänze, Spätwerke des Meisters, sind Juwelen seiner der Sinnenfreude zugekehrten, dabei doch nie lauten Kompositionskunst. Mozart war selber ein leidenschaftlicher Tänzer, der auf manchen Bällen im Redoutensaal der Hofburg sich zu seiner eigenen Musik fröhlich gedreht hat.

Das Genre der Contre-Tänze ist nicht so zahlreich vertreten. Das Beste stammt aus der späten Zeit, aus der Feder des Kammer-Kompositeurs. Contre-Tänze finden sich allerdings schon viel früher: KV 123 ist von 1770, die vier Contre-Tänze KV 271 ^{c} sind von 1777, die sechs Contre-Tänze KV 462 von 1784, ebenso die beiden Menuette mit eingefügten Contre-Tänzen KV 463. KV 510 mit neun Contre-Tänzen oder Quadrillen ist nicht von Mozart. Weitere zwanzig Contre-Tänze stammen aus den Jahren 1788—1791. In dieser Gattung — wie auch gelegentlich bei den Deutschen Tänzen — wird übrigens eine Reminiszenz an Leopold Mozart erkennbar, der die Klangmalerei sehr liebte und sie gelegentlich bis zur Programm-Musik gesteigert hat. An diese Tradition knüpft der Sohn, wenn auch mit viel feineren Mitteln, an. KV 534 hat den Untertitel *Das Donnerwetter*, KV 535 *La Bataille*, KV 600 Nr. 5 *Kanarienvogel*, KV 602 Nr. 3 *Der Leiermann*, KV 605 Nr. 3 *Die Schlittenfahrt*. Doch sind auch diese fröhlichen und populären Tänze keine wirkliche Programm-Musik: es handelt sich hier um Verdeutlichungen und Anspielungen, die der Sinnenfreude und dem Analogiebedürfnis des einfachen Menschen entgegenkommen und in all ihrer Klangmalerei deutlich geistige Züge tragen.

DIE SINFONIEN

Die neuere Musikforschung zählt (nach H. Engel) 53 ganze Sinfonien, 11 Fragmente und Incipit, insgesamt wohl 59 vollendet gewesene Sinfonien (dabei sind allerdings auch die beiden *Concertanten Sinfonien* eingerechnet, die wir bei den Konzerten kurz besprechen). Dieses gewaltige Werk verteilt sich auf einen Zeitraum von vierundzwanzig Jahren (Ende 1764 bis August 1788). Mit ihm ist auch eine große stilistische Entwicklung umschrieben.

KV 16 ^{a} und 16 ^{b} sind verschollen, bei KV 17 ist die Autorschaft zweifelhaft, KV 18 ist von K. F. Abel; Mozarts erste Sinfonie ist KV 16. Diese frühen Sinfonien sind zwar äußerlich dreisätzig (mit der Satzfolge schnell-langsam-schnell), aber ihrem wahren Charakter nach einsätzig; es sind sogenannte Ouvertüren im italienischen Stil (Mozart hat auch eine Reihe seiner frühen Sinfonien als Ouvertüren zu Opern verwendet, wie den ersten und zweiten Satz von KV 202 für *La finta giardiniera*, den ersten Satz der Sinfonie KV 200 für *Il rè pastore*; KV 74 war wohl als Ouvertüre zu *Mitridate, rè di Ponto* gedacht, Mozart schrieb für diese Oper aber dann ein eigenes Vorspiel). Man merkt diesen Sinfonien den Einfluß Johann Christian Bachs an, dessen galanter Stil mit seiner großen Wendigkeit und Vielfalt im Thematischen, der melodischen Kantabilität seiner heiteren, auf den musikalischen Genuß bedachten Muse (J. Chr. Bach sagte von einem seiner Brüder, daß er lebe, um zu komponieren, er selber dagegen komponiere, um zu leben) für den kleinen Wolfgang bedeutungsvoll wurde. Ein schönes Beispiel dieser Epoche ist KV 19 in D (seine zweite Sinfonie, wenn auch meist als vierte gezählt), in der bei aller Anlehnung schon persönliche Züge erkennbar sind, zum Beispiel der Dualismus des Anfangsthemas, der bei der *Jupiter-Sinfonie* wiederkehrt.

Der unbefangene Frühstil Mozarts ändert sich von der Mitte des Jahres 1771 ab, und zwar mit der Sinfonie KV 110, die seine Bekanntschaft mit gleichartigen Werken Joseph Haydns verrät. Mozart arbeitet nun die einzelnen Sätze stärker durch, komponiert auch instrumentaler. Auf Haydn weisen hin der Dreiviertel-Rhythmus des ersten Satzes, die Durchführung (die die Anfangsthemen wieder aufnimmt), die Behandlung der Bässe (im Zwiegespräch mit den Geigen ahmen sie die variierte Wiederkehr nach) und die Kunst des Kontrapunkts.

Einen weiteren Fortschritt stellen die acht *Salzburger Sinfonien* 1773/74 dar (zuerst entstanden KV 162, 184 = 166ᵃ, 199 = 162ᵃ, 181 = 162ᵇ; dann KV 182, 193, 201, 202). Mit KV 183 beginnt, vor allem was den Umfang anlangt, die «vollwertige» viersätzige Sinfonie; und welch einer Ausdruckskraft bei souveräner Beherrschung der Mittel Mozart bereits fähig ist, beweist vollends die spritzige, mit disziplinierter Kraft und beseeltem Schwung dahineilende *Sinfonie in A* KV 201 (1774).

Die sogenannte *Pariser Sinfonie* KV 297 (1778) ist wieder dreisätzig, bei aller delikaten Behandlung der Instrumente bedeutet sie geistig keinen Fortschritt. Dreisätzig blieb übrigens auch, vielleicht nur aus Zeitmangel, die sogenannte *Prager Sinfonie* KV 504 (1786), deren musikalisches Feuer und mitreißender Esprit über das fehlende Menuett hinwegtrösten. Bei der Sinfonie KV 319 (1779) hat Mozart das Menuett auch erst später dazukomponiert.

Die Besetzung nicht nur der frühen, sondern eigentlich aller Sinfonien ist sparsam. Anfangs umfaßt sie außer den Streichern nur vier Bläser, zwei Oboen und zwei Hörner. Trompeten und Pauken kommen erstmals bei KV 45 und 48 dazu; Fagotte erscheinen in KV 76 (1767). Eine «große» Bläserbesetzung ist nur wenigen Sinfonien vorbehalten und auch dann bleibt sie immer noch wesentlich kleiner als bei seinen großen Messen oder anderen Chorwerken oder in seinen späten Opern. Posaunen kommen selten vor, auch kaum mehr als zwei Trompeten und zwei Hörner (in KV 318, ebenso in KV 130, 132, 131, 183: 4 Hörner). Klarinetten verwendet er zum erstenmal in der *Pariser Sinfonie*; darüber hinaus schreibt er sie nur drei weitere Male vor (in der *Haffner-Sinfonie* KV 385, in KV 543 Es-Dur und KV 550 in g-moll; in der letzteren und in KV 385 [mit Flöten] wurden sie erst später hinzukomponiert).

Diese instrumentale Beschränkung im sinfonischen Stil Mozarts ist erstaunlich und doch ist sie vielleicht ganz einfach zu erklären. Bei seinen frühen und mittleren Sinfonien mußte er sich nach den

Gegebenheiten der Orchester richten, für die er schrieb; später aber, als er die Möglichkeit dazu hatte, interessierte ihn die große Besetzung nicht mehr. In der Wiener Zeit entstanden nur mehr fünf Werke: die sog. *Linzer Sinfonie* 1783 KV 425, Die *Prager Sinfonie* 1786 KV 504 und, als Trilogie, die drei letzten Sinfonien in Es, g und C (KV 543, 550, 551) im Jahre 1788. Nur die letzten drei sind (möglicherweise) ohne Auftrag entstanden, und Mozart hat sie (bis auf die *Sinfonie in g-moll*) nicht mehr erklingen hören. Das Besondere an Mozarts sinfonischem Stil ist also wohl, daß er nie der Versuchung erlegen ist, für überdimensionale Besetzung zu schreiben, obgleich ihm stets ein «fülliger» Orchesterklang vorschwebte. Die Transparenz der musikalischen Struktur war ihm wichtiger, zumal er die Form der Sinfonie nicht zu pseudodramatischen Zwecken mißbrauchte; der Geist bedarf des orchestralen Donners nicht. Und die spätere Entwicklung hat Mozart Recht gegeben: seine Nachfahren haben zwar die Wucht und die Fülle der orchestralen Mittel ungeheuer gesteigert, aber Mozarts späte Sinfonien halten auch heute noch jedem Vergleich stand. Das gilt in besonderer Weise für die drei Sinfonien vom Sommer 1788, die, ganz gleich, auf welchen Anlaß hin sie auch entstanden sein mögen, innerlich mehr zu einander gehören als manche anderen aufeinanderfolgenden Nummern des Köchel-Verzeichnisses. Sie sind in Geist, Stimmung und Orchesterfarbe komplementär und, in summa, das große sinfonische Vermächtnis Mozarts. In der *Sinfonie in Es* spricht noch einmal die betörende Sinnlichkeit, das Glück des Lebens und Atmens; sie ist, auf sehr verhaltene und zarte Weise, eine Apotheose des Irdischen. In der *Sinfonie in g-moll* (deren Bläserbesetzung besonders delikat ist und eigentlich der von Mozart später hinzugefügten Klarinetten entraten kann) kommt die Todesahnung, das Wissen um den frühen Tod in einer ergreifenden, dabei völlig unsentimentalen Weise zum Ausdruck: Mozart ringt sich zu einer erschütternden Ergebung durch, die das auferlegte Schicksal gläubig annimmt. Die letzte, die *Jupiter-Sinfonie*, aber ist der Triumph nach allen Anfechtungen, Kämpfen und Niederlagen, der endgültige Sieg des reinen, in Musik inkarnierten Geistes. Befreit von allen irdischen Fesseln, ist sie ein letztes kontemplatives Spiel mit allen errungenen Mitteln, eine geistige Heiterkeit, die eine göttliche Gelassenheit an sich hat. Mehr als der Blitze schleudernde Jupiter ist es Apollon, der sich hier in Mozarts Musik verkörpert. Hier sind auch die dionysischen Kobolde, die durch das Werk geistern, unter die Macht Apollons gezwungen. So ist die *Jupiter-Sinfonie* Apollons reinste (und vielleicht letzte) musikalische Epiphanie.

Die Konzerte

Die Krönung dieser Gattung hat Mozart in den Klavierkonzerten geschaffen; von ihnen war bereits die Rede. Seine übrigen Instrumentalkonzerte stehen bis auf wenige den Klavierkonzerten nach.

Letzteren völlig ebenbürtig und unübertroffen ist indessen das *Klari-nettenkonzert in A* KV 622, eines der letzten vollendeten Werke Mozarts. Es ist zwar nicht das erste seiner Gattung, aber deren größtes geblieben. Hier hat Mozart die spezifische Aussage eines Instruments mit allen seinen emotionalen und technischen Möglichkeiten verherrlicht; die musikalische Erfindung ist überirdisch verklärt.

Nach dem *Klarinettenkonzert* darf man wohl — in einigem Abstand — seine beiden *Concertanten Sinfonien* nennen. Die erste ist für Violine, Viola und Orchester geschrieben (KV 364 vom Jahr 1779). In ihr ist vor allem der Bratschenpart hinreißend schön. Wie im *Klarienettenkonzert* atmet das Andante eine verhaltene, zu Herzen gehende Resignation. Dieses Konzert hat unseres Wissens nur eine einzige Parallele in der Besetzung bei Carl Stamitz (in D), und es ist nicht einmal sicher, ob Mozart dieses Werk seines Vorgängers gekannt hat. Die andere *Concertante Sinfonie* für Oboe, Klarinette, Horn und Fagott (KV 297 b = Anh. 9) hat Mozart 1778 für seine Mannheimer Solisten und den Hornisten Punto (der eigentlich Stich hieß) geschrieben, allerdings ursprünglich für Flöte, Oboe, Horn und Fagott. Hier ist die Anmut, der Einfallsreichtum und die Abschattierung des Bläserklanges zu bewundern: wie alle seine Werke für Bläser vereint es eine wie gestochen wirkende Kontur mit großem Wohllaut (eine dritte *Concertante Sinfonie*, für Violine, Viola und Cello, KV 320 e, ist Fragment geblieben).

Seine übrigen Konzerte für Bläser sind längst nicht so zahlreich wie diejenigen für Klavier. Für Flöte gibt es zwei Konzerte und ein Rondo (KV 313—315) vom Jahr 1778: sie sind für den Duc de Guines geschrieben, ebenso das *Konzert für Flöte, Harfe und Orchester in C* KV 299. Der Herzog spielte Flöte, die Tochter Harfe; diese ungleichen Instrumente (die Flöte ist ein ausgesprochenes Melodieinstrument, dazu mit einem erheblichen virtuosen Register ausgestattet, die Harfe, technisch beschränkt, ist ein reines Begleitinstrument) als Partner zusammenzuspannen, ist kühn. Übrigens gibt es von Händel ein Konzert für Harfe und Orchester in D op. 4 Nr. 6, bei dem die Ripieno-Flöte stark konzertant behandelt ist, so daß im Effekt Mozarts Konzert in etwa vorweggenommen wurde. Ob Mozart dieses Konzert Händels kannte, ist mehr als ungewiß.

Das *Oboenkonzert* KV 293 (1783) ist Fragment geblieben; das sogenannte Ferlendis-(Ramm-)Konzert für Oboe ist, wie Bernhard Paumgartner nachgewiesen hat, KV 314 (= 285 d); es wird freilich meist als Flötenkonzert gespielt. In ihrem Charakter hervorragend erfaßt und in ihren damaligen technischen Möglichkeiten voll ausgenutzt sind Fagott und Horn. Für Fagott gibt es ein *Konzert in B* KV 191 (1774), das dem Kobold und Gnom der Instrumente auf den Leib geschrieben ist, und für das Horn gleich vier (KV 412, 417, 447, 495; 1782, 1783, 1783, 1786). Auch sie springen mit dem Soloinstrument auf köstliche und witzige Weise um, und sind in ihrer Gattung heute noch führend. Fragment blieb leider ein *Konzertsatz für Bassetthorn und Orchester* (KV 584 b von 1789 oder 1790); eine *Sonate für Fa-*

gott und Violoncello KV 292 von 1775 (die nur nebenher erwähnt sei) ist unbedeutend.

Schließlich hat Mozart fünf Konzerte für Violine und Orchester (KV 207, 211, 216, 218 und 219) hinterlassen; zwei weitere, Mozart ebenfalls zugeschriebene (KV 268 in Es, 271 ᵃ in D), können, mindestens in der heute vorliegenden Fassung, nicht integral von Mozart sein. Dazu kommt noch ein (wenig gespieltes) *Rondo für Violine und Orchester* (KV 373); auch sein *Concertone für 2 Soloviolinen und Orchester* (KV 186 E von 1774) hat sich, im Gegensatz zu dem viel gewichtigeren Doppelkonzert von Bach in d-moll, den Konzertsaal nicht erobert. Mozart hat alle fünf Violinkonzerte im Jahre 1775 geschrieben, also in seiner besten geigerischen Zeit; die in ihnen verlangten Schwierigkeiten geben ein genaues Bild seiner technischen Fähigkeiten. Die bedeutendsten Werke sind KV 218 in D und 219 in A. Besonders das letztere ist auf Grund seiner geistigen Substanz, in seiner melodischen Schönheit, in der sicheren und glanzvollen Nützung der geigerischen Ausdrucksmöglichkeiten, in der starken Gegensätzlichkeit der einzelnen Sätze Mozarts Standardwerk geworden. Bei all seiner makellosen Schönheit hat Mozart indessen die Möglichkeiten der Geige nicht ausgeschöpft; dies betrifft nicht nur die technischen Schwierigkeiten (er war nie deren Freund), sondern auch den musikalischen Atem. Hier haben die Konzerte von Beethoven und Brahms (nicht umsonst nur je eines) die Gattung gekrönt.

Mozart hat auch ein Konzert für Violoncello geschrieben (KV 206 ᵃ in F, von 1775), dessen Autograph verschollen ist. Das ist einer der schmerzlichsten Verluste im Werk Mozarts, zumal diese Gattung ohnedies arm an brauchbarer Literatur ist. Vielleicht hätte dieses Konzert das Genre um ein wichtiges Werk bereichert, ebenso aber ist denkbar, daß es recht konventionell gehalten war. Mozart hat das Violoncello erst in seiner späten Zeit «entdeckt» und bedacht, während er die Bratsche, die er selber spielte und deren Timbre er besonders liebte, schon früh herausgestellt hat.

LIED - ARIE - KANON - CHOR

Einen schier unabsehbaren Reichtum stellt das vokale Werk Mozarts dar, das außer den in der Überschrift genannten Gattungen auch die Kirchenmusik und die Oper umfaßt. Mozart verfügte über einen unerschöpflichen Born der sangbaren Erfindung. Das betrifft ebenso die instrumentale wie die vokale Inspiration: und doch ist die letztere der Kern seines Schaffens gewesen. Einem guten Instrumentalisten sagt man nach, der Ton singe bei ihm; und einem guten Sänger gereicht es zur Ehre, wenn er die Sauberkeit und Präzision der instrumentalen Technik zuwege bringt. So sehr sich durch diesen Vergleich beide Gattungen zu verwischen scheinen: Mozart hat die Stimme, auch in seinen anspruchsvollsten Koloraturen, nie instrumental vergewaltigt. Die technischen Schwierigkeiten, zu denen er sich «hinreißen» ieß, hingen vom Können des Sängers ab, für den er schrieb; aber alles blieb auch noch in der Bravour kantabel empfunden.

Ist man sich über alle diese Tatsachen klar geworden, dann wundert man sich vielleicht nicht mehr, daß bei Mozart Vokalwerke jeder Art und Schattierung des sängerischen Ausdrucks zu finden sind: die pompöse, technisch brillante Konzertarie nach italienischem Vorbild (auch ihr Text ist italienisch), die den Primuomo und die Primadonna für den Konzertgebrauch bedient; das schlichte Lied im Volkston; die vielseitige Gattung des Kanons, den Mozart sowohl im seriösen Stil der Italiener und Niederländer des 16. und 17. Jahrhunderts wie auch zu den übermütigsten Späßen verwendet; das heitere Genre der Duette, Terzette und Quartette; und schließlich der Chor, dessen Spannweite die Messe nebst anderen Kirchenwerken und die Bühnenmusik (am gewaltigsten vielleicht in den Chören zu *Thamos* KV 345) einschließlich der Oper (einer von der frommen Beschaulichkeit bis zur höchsten dramatischen Spannung reichenden Skala) umfaßt.

Mozart hat das Lied (Kunstlied) in entscheidender Weise geprägt; *Das Veilchen* z. B. (KV 476, Text von Goethe) ist als Vertreter der Gattung vollendet. Den Ausdruckscharakter und die stilistischen Mittel dieser eminent deutschen Kunstform haben seine Nachfolger variiert und bereichert, aber nicht verbessert: Beethoven, Schubert, Schumann, Brahms, Wolf, Strauss, Pfitzner, A. Knab und O. Schoeck. Nur wenigen Komponisten aber ist es widerfahren, daß ihre Lieder zum Volkslied wurden: Mozart mit *Komm lieber Mai* (KV 596 von 1791), Schubert mit dem «Lindenbaum» und Brahms mit «Guten Abend, gut Nacht».

Mozart hat nicht immer die besten Texte komponiert; dieser Vorwurf träfe aber nicht nur ihn, sondern auch Beethoven, Schubert, Brahms. Für die Liedinspiration ist, wie H. Gal in seinem Werk über Brahms sagt, oft der Stimmungswert eines Gedichtes wichtiger als seine poetische Makellosigkeit; wie kritisch aber Mozart die Texte wog (wie oft verwarf er sie!) zeigt sein Opernschaffen. Von seinen gut dreißig Liedern sind außer den beiden oben genannten nur wenige bekannt. Nicht von ihm, sondern von Bernhard Fließ ist indessen das berühmte «Schlafe, mein Prinzchen», das sich freilich unter der Etikette Mozart besser verkauft und in seiner süßlichen Sentimentalität auch heute noch dazu beiträgt, das Mozart-Bild zu verfälschen.

An seinen über 35 Kanons für zwei bis sechs Stimmen fällt die große Stimmungsbreite zwischen hohem Ernst und unbekümmerter Ausgelassenheit auf. Meisterwerke sind sie alle, Kleinode im Riesenwerk eines Meisters. Die heiteren haben zum Teil recht derbe, ja anstößige Texte; Mozart hat sie nicht für die Ewigkeit geschrieben, sondern als Gesellschaftsspiele komponiert, wobei das Frivole oft durch eine bestimmte Aussprache oder die Überschneidung und Aneinanderreihung gewisser Silben zustande kommt oder unterstrichen wird. Für den Kenner sind nähere Hinweise nicht nötig, der Nicht-Eingeweihte mag die kleine Mühe auf sich nehmen, sich selber zu orientieren.

*Henriette Baranius. Stich
von Friedrich Bolt, 1796*

Von seinen 57 Arien
konzertanten Stils sind 3
für Sopran, eine Arie für
Sopran und Tenor, 12 für
Tenor, eine für 2 Tenöre,
eine für Alt und fünf für
Baß geschrieben. Sie ha-
ben alle italienische Texte
bis auf zwei Sopranarien
(KV 383 und 580), eine
Baßarie (KV 433), eine
Tenorarie (KV 435) und
die Arie für zwei Tenöre
(KV 384 A). Schon aus dieser Verteilung (sie ist keine bloße Sache der Nach-
frage oder der Bestellung)
mag man ersehen, daß für
Mozart der hohe, dabei
auch die tiefen Register
noch beherrschende So-
pran das Leitbild der
menschlichen Stimme war.
Immer wieder haben ihn
Sängerinnen mit dieser
Stimmlage fasziniert:
Aloysia Weber, Josepha
Duschek, Nancy Storace,
Henriette Baranius. Das ist
auch keine bloße Reverenz
vor der Primadonna, son-
dern es ist eine ursprüng-

liche, liebende Affinität, der wir so viele (allzu wenig bekannte) Kostbarkeiten verdanken. Diese seine Vorliebe zeigt sich auch im gesamten geistlichen Vokalwerk: selbst wenn Alt, Tenor und Baß als weitere Solostimmen hinzukommen, ist der Sopran regelmäßig viel rei-
cher bedacht oder gar doppelt besetzt, wie zum Beispiel in der großen
c-moll-Messe KV 427. Von den Sopran-Arien hat KV 490 ein obligates Violinsolo (1786 für eine konzertante Aufführung von *Idomeneo*
nachkomponiert), KV 505 (für Nancy Storace und ihn selber geschrieben) ein obligates Klaviersolo. Die originellste Kostbarkeit ist aber
wohl eine späte Baßarie, KV 612: zur Solostimme kommt ein obli-
gater (= konzertanter) Streichbaß. Diese beiden «Stimmen» bringen
eine besondere Wirkung hervor: das an sich schon profunde Register
der Singstimme erhält durch den korrespondierenden Streichbaß nicht
nur seine Bestätigung und sein Echo, sondern gleichsam eine neue
Kulisse und Dimension.

Von seinen scherzhaften Liedern für mehrere Stimmen seien erwähnt: das Quartett *Caro mio Druck und Schluck* KV 571 ª, das leider Fragment blieb, das berühmte *Bandl-Terzett* (KV 441), das Terzett *Liebes Mädchen, hör mir zu* KV 441 ᶜ; ferner KV 625, ein komisches Duett für Sopran und Baß, das er im Sommer 1791 für Schikaneders komische Oper «Der Stein der Weisen» hinzukomponiert (oder mindestens instrumentiert) hat. Unter seinen ernsten Terzetten sind Kleinode (was den Satz und die Begleitung anlangt) die vier Notturni und die Canzonetta für 2 Soprane und Baß mit 3 Bassetthörnern (bzw. 2 Klarinetten und Bassetthorn) KV 346, 436, 437, 438 und 549.

KIRCHENMUSIK

Der Gesang beherrscht die Kirchenmusik, aber er schöpft sie nicht aus. Hinzu kommen die zahlreichen Kirchensonaten, für den liturgischen Gebrauch (während stiller, ungesungener Teile der Messe) bestimmte Sonaten für 2 Violinen, Baß und Orgel. In dieser Besetzung gibt es vierzehn Werke, mit zusätzlichen Bläsern (z. T. auch Pauken) drei weitere Sonaten (zwischen 1767 und 1780 komponiert). Auch die Orgel als Soloinstrument wäre hierher zu zählen; leider hat Mozart seine Phantasien und Improvisationen auf diesem Instrument nicht niedergeschrieben.

Das vokale Kirchenmusikwerk Mozarts ist nur wenig bekannt. Das hängt einmal mit seinem Umfang zusammen, zum anderen aber mit dem Umstand, daß nur ein kleiner Teil davon zur Aufführung gelangt (und dann nicht im Konzertsaal, sondern in der Kirche zu hören ist). Es umfaßt an vollständig Erhaltenem: neunzehn Messen (einschließlich Requiem), acht Litaneien oder Vespern, vierunddreißig Einzelwerke (Kyrie-Sätze, Offertorien, Antiphonen, Motetten, Hymnen). Dazu kommen, dem Sinne nach zur Kirchenmusik zu zählen, vier Freimaurer-Kantaten und zwei -Lieder, die frühe Passionskantate (Grab-

Josepha Duschek, geb. Hambacher. Stich von Augustus Clar nach Johann Friedrich Haake, 1796

musik) KV 42, *Davidde penitente* KV 469 (eine Umarbeitung der unvollendeten Messe KV 427 mit Hinzufügung zweier Arien) und *La Betulia liberata* KV 118. Dem Liebhaber geläufig sind nur einige Messen; die fragliche *Waisenhaus-Messe* in c-moll KV 139, die eine oder andere Missa brevis aus der mittleren Salzburger Zeit, vielleicht KV 167, 186 ^{f}, 186 ^{h} oder 196 ^{b}, die *Krönungsmesse* KV 317, die große *c-moll-Messe* KV 427 (in der das Credo unvollständig ist und das Agnus dei fehlt), das *Münchner Kyrie* KV 341 und das *Requiem*, die Motette *Exsultate* KV 158 ^{a} und das *Ave verum* KV 618.

Mozarts Kirchenmusik zeigt ein reiches Stil-Mosaik, es verbinden sich Züge des linearen gregorianischen Chorals mit strengster Polyphonie, dazu kommen stellenweise opernhafte Elemente (die so manchen Bewunderer des übrigen Werkes von Mozart abgeschreckt haben). Dennoch sind auch seine Messen stilistisch geschlossen, verbinden sich persönlich. Sie weisen jene Übereinstimmung von Inhalt und Form auf, die bei Mozart immer wieder überrascht und eines der tiefsten Geheimnisse seines Schaffens ist; sie sind dem Irdischen aufgeschlossen und durchleuchten es zugleich in einem naiven, aber überwältigenden Glauben vom Ewigen her. Daß Mozart die unbefangene Lebensfreude und die religiöse Hingabe nicht als Gegensätze empfunden, sondern zu einer menschlichen und künstlerischen Einheit versöhnt hat, macht das Besondere seiner Kirchenmusik aus.

Nach 1783 hat Mozart keine Messe mehr komponiert; das *Requiem*, das vom Grafen Walsegg unter etwas geheimnisvollen Umständen bestellt wurde, blieb unvollendet. Es scheint in seinen Anfängen bis vor den Beginn seines thematischen Verzeichnisses (9. Februar 1784) zurückzugehen; es ist sogar möglich, daß Mozart in den letzten Wochen vor seinem Tode — entgegen der Überlieferung — nicht mehr daran gearbeitet hat. Nachdem der Kapellmeister Eybler den Auftrag der Witwe, das Werk zu ergänzen, abgelehnt hatte, vollendete Süßmayr das Vorhandene; die Ähnlichkeit seiner Handschrift mit der Mozarts und das Vorliegen von zwei ungleichen Autographen machen indessen die Entflechtung des Originalen und des Fremden stellenweise schwierig. In die Schauer, die uns heute beim Hören dieses gewaltig angelegten Werkes überkommen, mischt sich der Schmerz um den Stilbruch in der vorliegenden Fassung.

Von feierlichem Ernst getragen und vom Gedanken an den Tod durchdrungen sind seine für die Loge komponierten Werke, aus denen die Kantate KV 623 *Laut verkünde unsere Freude* und die *Maurerische Trauermusik* KV 477, im Jahre 1785 zur Aufführung bei einer Totenfeier für zwei erlauchte Logenbrüder geschrieben, herausragen. Der Trauermusik mit dem maurerischen Bläserkolorit fehlt alles Bekennerische; aber sie ist die erschütterndste und zugleich würdigste Musik im Bereich des Todes, die uns überkommen ist. Der Mensch ringt mit dem Tod, aber er nimmt ihn an, und in diesem Augenblick löst sich das dunkle c-moll in das beglückteste und doch stillste C-dur. Auch der Tod, den der Freimaurer erwartet, verklärt die Bestimmung des Menschen; aber die Engel singen nur im Ave verum.

Mozarts Wiener Honorar für «Don Giovanni». Aus den Rechnungsbüchern der K. K. Hoftheatral-Direktion

DIE OPER

Mozart schrieb im dreizehnten Lebensjahr seine erste «Oper», sofern man das musikalische Schuldrama *Apoll und Hyacinth* (KV 38 von 1767) als eine solche bezeichnen kann. Als Vorläufer dazu darf man die geistliche Kantate «Die Schuldigkeit des ersten Gebotes» (der kleine Wolfgang schrieb den ersten Teil, Michael Haydn den zweiten und A. C. Adlgasser den dritten) ansehen, in gewisser Weise auch die bereits erwähnte, auf den Karfreitag 1767 komponierte *Grabmusik* (KV 42 = 35 ᵃ). Kantate, Oratorium, Oper: diese Gattungen sind beim frühen Mozart stilistisch nicht streng getrennt.

Der Titel *Apollo et Hyacinthus* ist postum; diese Schuloper war nur eine musikalische Zutat zu dem Sprechdrama «Clementia Croesi». Gesprochene Tragödie und akzessorische «Oper» wurden ineinander verwoben; beide Stücke behandeln, nach humanistischem Schulbrauch, das in jener Zeit gerade auf der Bühne beliebte Thema fürstlicher Großmut. Es ist nicht ohne Reiz, festzustellen, daß Mozart zu Beginn und am Ende seines Opernschaffens das gleiche Thema, wenn auch auf sehr verschiedene Weise, musikdramatisch bearbeitet hat.

Im Vergleich zu der lateinischen Schuloper (deren jambische Trimeter der kleine Wolfgang verkannt und als Prosa komponiert hat) ist *Bastien und Bastienne* (KV 50 = 46 ᵇ), das deutsche Schäferspiel vom Sommer 1768, schon ein anderer Wurf. Der Knabe bewältigt

139

Lorenzo Da Ponte. Stich von Michele Pekenio nach Nathaniel Rogers

den Text wie ein Erwachsener, seine Musik ist hirtenhaft fröhlich und
von dem naiven Zauber eines kindlichen Genius überhaucht; die ganze Komposition verrät bereits jenes dramatische Gespür, das ihm an-
geboren war und das er im Laufe seines Opernschaffens zu einer
Meisterschaft ausbaute, die beispiellos geblieben ist. In der Zauber-
arie des Hirten Colas ist bereits die Rolle des komischen Basses in
ihren Grundrissen konzipiert, die in der Figur des Osmin voll ausgeprägt wird.

Es folgen dann seine frühen italienischen Opern, ehrenvolle Aufträge aus Mailand und Salzburg: *Mitridate, rè di Ponto* 1770, *Ascanio in Alba* 1771, *Il sogno di Scipione* 1772, *Lucio Silla* 1772. In
allen diesen Werken, die die Gattung der Opera seria und der Serenata drammatica umfassen, bewegt sich Mozart noch ziemlich un-
frei im Rahmen des Herkömmlichen; seine kompositorische Erfahrung reicht noch nicht aus, dazu sind die Texte oft dramatisch
schwach und unwahrscheinlich wie in *Lucio Silla*, in dem freilich

der Part der Giunia bereits großartig behandelt ist. Überall finden sich Stellen, die unverwechselbarer Mozart sind; aber sie haben nicht das Gewicht, nicht die Substanz und die formale Vollendung, womit uns der reife Mozart verwöhnt hat. Die «großen» Opern Mozarts sind von säkularer Bedeutung: sie sind das Aufregendste in seinem gesamten Werk, sie sind wohl auch dem Leser am meisten gegenwärtig.

Mit *La finta giardiniera* 1774/75 nimmt der fast Neunzehnjährige die Gattung der Opera buffa wieder auf, deren Bewältigung ihm mit *La finta semplice* 1768 noch nicht recht gelungen war. Die Komposition der letzteren war mehr vom Ehrgeiz des Vaters angeregt als den Kräften des Knaben angemessen, der damals weder des Italienischen mächtig, noch der Handlung gewachsen war; mit *La finta giardiniera* aber hat Mozart bereits alle Vorbilder der Opera buffa weit übertroffen. Zwar konnte er gewisse Schwächen des Librettos weder beseitigen noch durch seine Musik vergessen machen (wie den Wahnsinn beider Hauptpersonen); aber er hat die Figuren, die bislang in der Oper sehr nach Schema gearbeitet waren, zu Individuen aufzulockern und ihnen viel menschliche Wärme einzugeben verstanden. Darüber hinaus hat er die konventionelle und floskelhafte Orchestersprache durch seine Kantilene, eine raffinierte Harmonik und Modulation, durch das Heranziehen des Klangkörpers zur Charakterisierung der Personen ungemein verfeinert; schließlich aber hat er durch die Schaffung vollwertiger Finales im ersten und dritten Akt Wirkungen erzeugt, die auf den späteren *Figaro* hinweisen.

Le nozze di Figaro ist denn auch die nächste, gültige Opera buffa geworden (dazwischen liegen als Versuche, die am Textbuch scheiterten: *Zaïde* 1779, *L'oca del Cairo* 1783; als fertige hier nicht näher zu besprechende Werke: Das Dramma per musica *Il rè pastore* 1775, die Komödie *Der Schauspieldirektor* 1786). In *Le nozze di Figaro* hat Mozart die bislang allzusehr typisierten Figuren mit dramatischer Selbständigkeit bedacht, sie aus ihrer Starrheit gelöst und zu leidenden und liebenden Menschen befreit. Das Gesetz, das sie bisher vom Typus empfingen, reißen diese Personen nun plötzlich an sich: aus den Marionetten werden lebendige Menschen, deren Gestalt indessen alles andere als unverbindlich oder willkürlich ist: durch die psychologische Richtigkeit, mit der sie konzipiert sind, verdichtet sich in jedem das Menschliche auf beispielhafte Weise. Sie sind durch Mozarts Musik unverwechselbar und gleichzeitig der Frivolität, die das — übrigens großartige — Textbuch Lorenzo Da Pontes beherrscht, weitgehend entrückt worden; die listenreiche, etwas dekadente Liebelei des Librettos wird bei aller Wahrung der sinnlichen Glut und bei aller realistischen Ursprünglichkeit der Personen durch Mozarts Musik auf eine andere Ebene gehoben, sie wird spirituell, voll geistiger Heiterkeit. Gleichzeitig beherrscht Mozart die Gesetze des musikalischen Theaters nun souverän: die Handlung hat keine Pause und keine leere Stelle mehr, sie treibt mit der Quecksilbrigkeit eines dramatischen Perpetuum mobile voran. Rezitativ, Arie, Ensemble

Theaterzettel der Uraufführung von «Così fan tutte», 26. Januar 1790

und Orchestersprache sind vollkommen; der Text in seiner Prägnanz nicht zu übertreffen. Das Finale aber ist eine völlig neue Errungenschaft Mozarts: er bringt es fertig, die einzelnen Darsteller nach ihrem individuellen Gesetz und zugleich nach dem höheren Gesetz der Gruppe gegen- und miteinander singen zu lassen.

Zu den glühendsten Verehrern des *Figaro* gehört (lange vor Richard Strauss) Brahms, der zu seinem Freunde Billroth, dem Chirurgen, folgendes sagte: «Jede Nummer in Mozarts *Figaro* ist für mich ein Wunder; es ist mir absolut unverständlich, wie jemand etwas so Vollkommenes schaffen kann; nie wieder ist so etwas gemacht worden, auch nicht von Beethoven.»

Lorenzo Da Ponte ist der Librettist auch der nächsten beiden Opern: von *Don Giovanni* (1787) und *Così fan tutte* (1790). Beide Opern greifen (wie alle Opern des reifen Mozart) das Thema der Liebe zwischen Mann und Frau, freilich in ungewöhnlichen Formen, auf. *Così fan tutte* war vom Librettisten sicher nur als gesellschaftliche Farce gedacht; Mozart haucht aber auch diesem oberflächlichen Spiel Seele und Geist ein. Die in Versuchung geführte, mit falschem Einsatz spielende und deshalb auch zu falschen Ergebnissen führende Liebe ist das Thema der Oper. Mozart ist der boshaften Ironie des Textes gerecht geworden, er hat aber aus der leichtfertigen Komödie ein intimes, beseeltes und gleichnishaftes Theater gemacht: nicht mit der spöttelnden Skepsis eines erfahrenen Lebemannes (Don Alfonso), sondern mit der warmen Anteilnahme des

142

fühlenden Menschen und überlegenen Musikers, der auch das Spiel der Verstellung und des falschen Einsatzes in das Gold der wahren Liebe umgemünzt hat.

In *Don Giovanni* aber geht es um die hybride, alle Grenzen mißachtende und die Liebe als Mysterium zerstörende Lust des männlichen Verführers. So untreu und skrupellos er immer sein mag, in seinem Auftreten ist er ein Edelmann, beherzt und ohne jede Furcht; er hat die Ausstrahlung einer siegesgewohnten Kraft, gegen die nicht nur seine weiblichen Opfer, sondern auch seine männlichen Widersacher ohnmächtig sind. In allen Vorbildern des Don Juan ist der Titelheld ein Verführer und Frevler, aber Mozarts Don Giovanni ist zu einer Absolutheit des männlichen Liebesanspruchs gesteigert, der wie ein heidnischer Erratblock in seiner christlichen Umgebung steht. Es dürfte wenige Dramen geben, in denen der Held so völlig jenseits der gültigen Gesellschaftsordnung steht: wie im antiken Drama scheitert er nicht an sich selber, sondern daran, daß sein konsequent gelebtes und gottloses Gesetz mit den Gesetzen des Kollektivs kollidiert. Aber wie in der antiken Tragödie bedarf es zu seiner Vernichtung des Deus ex machina, da die Vertreter des Kollektivs dem Impetus dieses herrischen Wüstlings nicht gewachsen sind: wenn auch kein Gott eingreift, so verschlingt ihn doch die Hölle, in die er reuelos fährt, sich selber treubleibend bis zum Untergang.

Theaterzettel der Wiener Erstaufführung von «Don Giovanni»

Die dramatische Idee des Eros, die *Don Giovanni* trägt, war nur in Musik zu realisieren und hier wieder nur in der Tonsprache Mozarts. Daß er, und nur er dieses Drama komponieren konnte, verleiht ihm einen einsamen und unerreichten Rang.

Für die Opera seria hat Mozart in seiner reifen Zeit zwei Werke geschaffen: *Idomeneo, rè di Creta* 1781 und *La clemenza di Tito* 1791. *Idomeneo* zeigt Mozarts erste Meisterschaft, was den Glanz und die Kraft des Orchesters anbelangt, den großen Atem der Gesamtkomposition, die Art der Baß-Führung, die Kunst der orchestrierten Rezitative und die Schönheit und Sicherheit des melodischen Duktus. Dennoch blieb diese Oper in vielem (z. B. in den Chören) ein dramatisches Experiment; auch lag Mozart mit dem störrischen und unvermögenden Textdichter in einem zermürbenden Streit nicht nur um Worte, sondern buchstäblich um Silben. In *Titus* aber experimentierte Mozart nicht mehr, er schrieb schlicht eine Opera seria, die, obgleich sie bei der Uraufführung durchfiel und auch heute noch wenig geschätzt wird, klar konturiert, duftig und von der letzten Eindringlichkeit des späten Mozart ist. Sie ist ein Kleinod der Gattung der Opera seria (auch wenn die Rezitative von Süßmayr, wiewohl unter der Aufsicht und mit der Billigung Mozarts geschrieben sind); die Musik zeigt weit mehr die Liebesseligkeit von *Così fan tutte* als das Kolorit der gleichzeitig entstandenen *Zauberflöte*.

Das deutsche Singspiel und die deutsche Oper faszinierten Mozart zeitlebens. *Bastien und Bastienne* war sein erster, dazu gelungener Versuch in der Gattung des Schäferspiels; nach einem mißlungenen Versuch (*Zaïde*) kommt dann *Die Entführung aus dem Serail*, Mozarts hart erarbeitetes deutsches Singspiel der ersten beiden Wiener Jahre. Hier bricht sich sein dramatischer Instinkt freie Bahn; mit zielsicherem Gespür geht er an den Text, den er unablässig ändert und verbessert; er komponiert nach den Gesetzen der Bühne und verlangt Kürze und Prägnanz der Diktion ebenso wie überzeugenden schauspielerischen Ausdruck; er verfällt zwar noch in gewisse Reminiszenzen an die Primadonna (in den Arien der Constanze), wahrt aber die Ausgewogenheit des Ganzen und schafft insgesamt ein exotisches und doch deutsches, auch heute noch berückendes Märchen.

Es ist nicht von ungefähr, daß er auf die Gattung des deutschen Singspiels (oder der Zauberoper) noch einmal zurückkam. *Die Zauberflöte* ist viel gelästert worden wegen der Ungereimtheiten ihres von Schikaneder stammenden Textes und wegen der angeblich erst später in ihren Vorzeichen vertauschten Gegenspieler Sarastro und Königin der Nacht. Auch die «Geheimnisse» der Freimaurer sind als entbehrliche Zutat angesehen worden. Und doch machen gerade sie den hintergründigen Sinn dieser Oper aus. Mozart begnügt sich nicht damit, die Liebe im Bereich des Sinnlichen und Kreatürlichen, so sehr er auch ihm gerecht wird, zu belassen, hier weist die Liebe den Weg zu einem geläuterten und wissenden Menschentum, sie schafft durch die Prüfungen, die sie besteht, und durch die ihr innewohnende sittliche Kraft ein neues Bild des Menschen, eine neue

Menschenwürde. Und das alles spielt sich in einem Märchen voll der buntesten Farben und der leuchtendsten Kontraste ab. So sind das Dralle und Lebensnahe von Papageno und Papagena, das Exotisch-Lockende und dabei Unheimliche (Monostatos), die kalte Pracht und die drohende Gefahr (Königin der Nacht), die Unbefangenheit, Stete und Lauterkeit des Herzens (Pamina), der männliche Mut und das Streben nach Verinnerlichung (Tamino), die hoheitsvolle Weisheit des Adepten (Sarastro) eindrucksvolle komplementäre Charaktere in dem sinnenfrohen und doch vergeistigten Spiel.

Emanuel Schikaneder

Auch die Musik leuchtet in neuen Farben auf: nichts ist grell, aber alles ist klar, dabei innig, beseelt und verhalten, hehr und geläutert wie Mozart selber, der sich zum Sterben anschickt. Sein letztes Bühnenwerk ist ein Mysterium der sinnlichen und geistigen, der durch Prüfung wissend gewordenen Liebe; es ist zugleich sein Vermächtnis an die Menschheit.

MOZART ALS BEARBEITER

Es sei hier von zahlreichen, ergänzend zu Werken anderer Meister geschriebenen Stücken abgesehen, bei denen die stilistische Anpassung keine unbedingte Voraussetzung ist. Eine kongeniale Einfühlung zeigen aber seine Bearbeitungen, die das Werk Händels und Bachs betreffen. In seinen Wiener Jahren hat Mozart alles, was er von Bach in die Hände bekommen konnte, aufmerksam studiert, vor allem auch das «Wohltemperierte Klavier». Aus letzterem hat er einzelne Sätze bearbeitet. KV 404ª enthält sechs dreistimmige Fugen für Violine, Viola, Baß, von denen drei aus dem «Wohltemperierten Klavier» stammen, je eine aus der Orgelsonate II und der «Kunst der Fuge», während eine letzte Fuge auf Wilhelm Friedemann Bach zurückgeht. Von den sechs einleitenden Adagios sind vier von Mozart frei dazu erfunden (1782). Ferner schrieb er im gleichen Jahr weitere fünf vierstimmige Fugen aus Bachs «Wohltemperiertem Kla-

*Josepha Hofer geb. Weber,
die erste «Königin der Nacht»*

vier» für 2 Violinen, Viola und Baß um (KV 405). Zu einem Violinkonzert von Viotti schrieb er Trompeten- und Paukenstimmen (KV 470ᵃ, 1785). Stilistisch kühn, und daher auch umstritten sind seine Bearbeitungen Händelscher Oratorien, bei denen er die Streicher und Singstimmen beließ, aber den Orgelpart in einen fülligen Bläsersatz einbaute. Die gemessene Feierlichkeit Händels ist somit in die sinnlichere Klangfarbe der Mozartschen Musik übersetzt worden. Im Auftrag Gottfried van Swietens, der ein Liebhaber der Oratorienmusik war und der Textdichter der «Jahreszeiten» Haydns wurde, hat Mozart vier Opern bzw. Oratorien Händels neu instrumentiert: 1788 «Acis und Galathea» KV 566, 1789 den «Messias» KV 572, 1790 das «Alexanderfest» KV 591 und die «Ode auf den St. Cäcilientag» KV 592. Mozart hat nie daran gedacht, etwa die Originalpartitur «verbessern» zu wollen, sondern er hat Händels Werke für andere Aufführungs-Gegebenheiten uminstrumentiert. Seine Bearbeitungen haben übrigens bis weit ins 19. Jahrhundert hinein Händel in Deutschland mehr bekannt gemacht als dessen Originalfassungen der genannten Werke.

MOZART ALS KÜNSTLER, LEHRER UND MUSIKÄSTHET

Ich kann nicht poetisch schreiben; ich bin kein Dichter. Ich kann die Redensarten nicht so künstlich einteilen, daß sie Schatten und Licht geben; ich bin kein Maler. Ich kann sogar durchs Deuten und durch Pantomime meine Gesinnungen und Gedanken nicht ausdrücken; ich bin kein Tänzer. Ich kann es aber durch Töne; ich bin ein Musikus schreibt Mozart in einem Brief vom 8. November 1777 an den Vater.

Er war in der Tat ein Musiker in der ganzen Breite dieses Begriffes, wobei die Übergänge vom ausübenden zum schaffenden Künstler fließend waren. In seinen freien Phantasien, auf dem Klavier und an der Orgel, war er beides; ebenso in den Violin- und Klavierkonzerten, soweit er sie für sich selber schrieb.

Mozart war berühmt als Klavierspieler. Die Anerkennung, die ihm als Wunderkind zuteil wurde, hing ebenso mit seinem Virtuosentum zusammen wie seine Beliebtheit in den ersten Wiener Jahren. Doch schon zuvor war er als Pianist international anerkannt, wie er selber bestätigt: *Man sagte mir, daß sich Misliwiczek* (ein böhmischer Komponist, mit dem Mozart gut bekannt war) *sehr verwundert hat, wenn man hier von Beecké* (siehe später) *oder dergleichen Clavieristen sprach; er sagte allzeit, es soll sich nur keiner nichts einbilden; keiner spielt wie Mozart. In Italien, wo die größten Meister sind, spricht man von nichts als Mozart. Wenn man diesen nennt, ist alles still.* (10./11. Oktober 1777)

Gleich berühmt war sein Orgelspiel. Schon der Knabe, der die Baßpedale im Sitzen kaum erreichen konnte und nahezu stehend spielen mußte, versäumte keine Gelegenheit, auf seinen Reisen Orgeln zu probieren. In Heidelberg hat er im Juli 1763, mit siebeneinhalb Jahren, die Orgel in der Hl. Geist-Kirche mit soviel Meisterschaft geschlagen, daß gleich danach an der Orgel eine (leider nicht erhaltene) Gedenk-Plakette angebracht wurde. Der englische Hof stellte 1764 seine Kunstfertigkeit an der Orgel noch höher als sein Klavierspiel. Und der Thomaskantor in Leipzig soll, als er Mozart 1789 auf der Orgel phantasieren hörte, gewähnt haben, sein Lehrer und Vorgänger Johann Sebastian Bach sei wiedererstanden.

Mozart hat sich wiederholt einem in der damaligen Zeit noch üblichen regelrechten Wettspiel mit anderen, berühmten Virtuosen gestellt: am 6. November 1766 in Markt Biberbach dem nur um wenige Jahre älteren Joseph Sigmund Eugen Bachmann an der Orgel, im Jahre 1775, bei dem «gelehrten» Wirt Albert in München in der Kaufinger Straße, dem vorhin schon erwähnten Ignaz von Beecké (mit dem er im Oktober 1790 ein für vier Hände arrangiertes Konzert in Mainz spielte) am Klavier, im Herbst 1777 in Mannheim dem Abbé Vogler und Johann Franz Xaver Sterkel am Klavier und an der Orgel, am 24. Dezember 1781 Muzio Clementi in Wien am Klavier, am 14. April 1789 an der Orgel der Hofkirche in Dresden dem Organisten Häßler, vier Tage später dem gleichen Künstler am Klavier.

Über die Partner seiner Wettspiele hat sich Mozart mehrfach selbst geäußert. Mit dem Abbé Vogler, der sein *Lützow-Konzert* (KV 246) vergewaltigte, geht er scharf ins Gericht (17. Januar 1778): *Vor Tisch hat er mein Konzert ... prima vista herabgehudelt. Das erste Stück ging p r e s t i s s i m o, das Andante a l l e g r o und das Rondo wahrlich p r e s t i s s i s s i m o. Den Baß spielte er meist anders als er stund, und bisweilen machte er eine ganz andere Harmonie und auch*

Eintrittskarte zu einem Mozart-Konzert

*Melodie. Es ist auch nicht anders möglich in der Geschwindigkeit;
die Augen können es nicht sehen und die Hände nicht greifen ... Die
Zuhörer (ich meine diejenigen, die würdig sind, so genannt zu werden) können nichts sagen, als daß sie Musik und Clavierspielen —
gesehen haben. Sie hören, denken und empfinden so wenig dabei als
er ... Übrigens ist es auch viel leichter, eine Sache geschwind, als
langsam zu spielen: man kann in Passagen etliche Noten im Stiche
lassen, ohne daß es jemand merkt; ist es aber schön? Man kann in
der Geschwindigkeit mit der rechten und linken Hand verändern,
ohne daß es jemand sieht und hört; ist es aber schön? Und in was besteht die Kunst, prima vista zu lesen? In diesem: das Stück im rechten Tempo, wie es sein soll, zu spielen, alle Noten, Vorschläge etc.
mit der gehörigen Expression und mit Gusto, wie es steht, auszudrücken, so daß man glaubt, derjenige hätte es selbst komponiert,
der es spielt. Seine Applikatur ist auch miserabel: der linke Daumen
ist wie beim seligen Adlgasser, und alle Läufe herab mit der rechten
Hand macht er mit dem ersten Finger und Daumen.*

Sein Urteil über Clementi lautet (12. Januar 1782): *Der Clementi
ist gut, wenn es auf die Execution der rechten Hand ankömmt. Seine
Force sind die Terzenpassagen; übrigens hat er keinen Kreuzer Gefühl oder Geschmack. Mit einem Wort: ein bloßer Mechanicus.*

Auch von Beeckés Stärke war die virtuose Bravour auf Kosten der
musikalischen Integrität. Mozart verfügte sicher über keine schlechtere
Technik, aber er stellte sie stets in den Dienst der Musikalität und der
absoluten Werktreue. Eine Schnelligkeit, die man nur sehen, aber

nicht mehr hören kann, weil sie die Artikulation und die musikalische Struktur verdirbt, eine Geläufigkeit als reiner Parforce-Akt des Virtuosen, berechnet auf ein staunendes und unverständiges Publikum: das war es, was Mozart genauso aus tiefster Seele verachtete wie die dem Virtuosentum diametral entgegengesetzte Stümperei. So kam es, daß er gegen manchen seiner Wettspielpartner — scheinbar — unterlag.

Die Orgel trat in den Wiener Jahren, wenigstens was das öffentliche Spiel anlangt, in den Hintergrund. Dennoch muß sich Mozart Übung und Geläufigkeit bewahrt haben, wie sein Spiel in Dresden und Leipzig im Frühjahr 1790 beweist; auch bewarb er sich im April 1791 noch um die — in absehbarer Zeit freiwerdende — Organistenstelle bei St. Stefan. Er wurde dem schwerkranken Leopold Hofmann als unbezahlter Adjunkt zugeteilt, starb indessen vor ihm. An Stelle von Kompositionen für Orgel müssen wir uns mit den für eine Orgelwalze geschriebenen begnügen: KV 594, 608, 616. Die *Phantasie für Orgel in g-moll* KV 528ᵃ (1787) ist verloren.

Die Violine spielte Mozart «ex officio» in seiner Salzburger Zeit als Konzertmeister; am 14. November 1769, mit knapp vierzehn Jahren, wurde er unbesoldeter, am 21. August 1772 besoldeter Konzertmeister und verblieb in dieser Funktion bis zur großen Reise im Herbst 1777. Nach der Rückkehr im Januar 1779 wurde er als Domorganist Nachfolger von Adlgasser, der am 22. Dezember 1777 gestorben war, blieb jedoch gleichzeitig Konzertmeister. Am 7. August 1773 spielte er in Wien ein (nicht-eigenes) Violinkonzert auf dem Chor der Cajetanskirche. In Salzburg entstanden im Jahre 1775 seine fünf Violinkonzerte, in den folgenden Jahren die Divertimenti, in denen die Primgeige solistisch bedacht ist: KV 287 = 271 H (1777) und 334 = 320ᵇ (1779) und in der *Haffner-Serenade* KV 248ᵇ (1776). Mozart hat in diesen Jahren einen guten Namen als Geiger gehabt, er hat alle diese Kompositionen wiederholt in Salzburg gespielt, etliche dann auch in München (am 4. Oktober 1777 KV 287 und 254; letzteres ist ein Divertimento in Klaviertrio-Form) und in Augsburg (bei Hl. Kreuz am 19. Oktober 1777 das *Violinkonzert in G*, KV 216). Über das Konzert in München schreibt er am 6. Oktober 1777 dem Vater: *Ich spielte, als wenn ich der größte Geiger in ganz Europa wäre.* Und der Vater geht am 18. Oktober 1777 darauf ein: «Daß sie bei Abspielung Deiner letzten Cassation [KV 287] alle groß dreingeschauet, wundert mich nicht, Du weißt selbst, wie gut Du Violine spielst, wenn Du nur Dir Ehre geben und mit Figur, Herzhaftigkeit und Geist spielen willst, ja, so, als wärest Du der erste Violinspieler in Europa . . . O wie manchmal wirst Du einen Violinspieler, der hochgeschätzt wird, hören, mit dem Du Mitleid haben wirst.»

Wie Mozart sich das gehörige Violinspiel vorstellte, hat er in einem Urteil über den Geiger Ignaz Fränzl, der seit 1774 Konzertmeister der Mannheimer Hofkapelle war, am 22. November 1777 formuliert. *Er gefällt mir sehr; Sie wissen, daß ich kein großer Liebhaber von Schwierigkeiten bin. Er spielt schwer, aber man kennt*

Der Geiger Ignaz Fränzl. Ölbild von Johann Wilhelm Hoffnas

nicht, daß es schwer ist, man glaubt, man kann es gleich nachmachen. Und das ist das wahre. Er hat auch einen sehr schönen runden Ton; er fehlt keine Note, und man hört alles: es ist alles marquiert. Er hat ein schönes Staccato, in einem Bogen, sowohl hinauf, als herab; und den Doppeltriller habe ich noch nie so gehört wie von ihm. Mit einem Wort: er ist meinethalben kein Hexenmeister, aber ein sehr solider Geiger.

Dieses Urteil verrät eine ganze Musikästhetik: man darf nie die Schwierigkeiten spüren (deren sich die Spieler so gerne brüsten), sie müssen mühelos bewältigt erscheinen. Und weil offenbar auch schon zu Mozarts Zeiten die Technik das Musikalische zu überwuchern drohte, ist Mozart *kein großer Liebhaber von Schwierigkeiten.* Er erklärt hier selber, warum er die «Schwierigkeiten» dieses Instrumentes kompositorisch und spielerisch nicht voll genutzt hat: um das Technische nicht überhand nehmen zu lassen.

Dazu mag noch gekommen sein, daß er die Geige im Laufe der Zeit immer mehr vernachlässigte. In den letzten Wiener Jahren hatte er überhaupt keine Violine mehr im Hause. Ob es vielleicht nur die Vernachlässigung seiner Geläufigkeit war, die uns ein späteres, «großes» Violinkonzert versagt hat?

Es fällt uns schwer, eine rechte Vorstellung von Mozart als Dirigenten zu gewinnen. Es ist nichts über die Art seines Dirigierens überliefert; sicher ist, daß der Kapellmeister damals noch nicht der gestenreiche Souverän und absolute Star war, als der er heute den Konzertsaal beherrscht. Leopold Mozart berichtet noch ganz bescheiden, daß der Zwölfjährige bei der Uraufführung seiner *Waisenhaus-Messe* «den Takt geschlagen» habe. Und Wolfgang Amadé Mozart schrieb am 11. September 1778: *Keinen Geiger gebe ich nicht mehr ab; beim Klavier will ich dirigieren, die Arien akkompagnieren.*

Zunächst ist es also nur der Konzertmeister, der — neben seinem Spiel — «taktiert». Dann kommt der eigentliche Dirigent auf, der aber zu Mozarts Zeit immer noch einem Instrument verhaftet bleibt:

dem Klavier oder Cembalo, das er akkompagnierend schlägt oder auf dem er Rezitative (oder auch Arien) begleitet, bei denen das Orchester schweigt. Seine ganze Dirigententätigkeit haben wir uns als vom Klavier aus betrieben vorzustellen; das schließt nicht aus, daß er sowohl in technischem wie in musikalischem Sinn ein großer Dirigent war, der die Fähigkeit besaß, aus dem Orchester das herauszuholen, was ihm innerlich als Klang vorschwebte. Daß er, der ein überaus empfindliches Ohr besaß, in seinen Forderungen unnachgiebig, dennoch aber kulant und höflich im Umgang mit den Musikern war, ist bezeugt.

Mozart hat — außer fremden Werken, die uns hier nicht interessieren sollen — eine große Zahl seiner eigenen Kompositionen, vor allem Opern, dirigiert: *Mitridate* 1770 (dreimal), wahrscheinlich *Ascanio in Alba* 1771 und *Lucio Silla* 1772, *Il rè pastore* (1780 bei einer Akademie in Salzburg), *Die Entführung aus dem Serail* (8. Oktober 1782 und 24. Januar 1784), *Le nozze di Figaro* (am 1. und am 3. Mai 1786 in Wien, am 22. Januar 1787 in Prag), *Don Giovanni* (bei der Uraufführung in Prag am 29. Oktober 1787 und später noch einmal am 2. September 1791), die von ihm bearbeiteten Oratorien und Opern Händels (in den Jahren 1788 bis 1790), die Uraufführung des *Titus* in Prag (am 6. September 1791), die ersten beiden Aufführungen der *Zauberflöte* in Wien (am 30. September und 1. Oktober 1791), ferner noch seine Kantaten in der Loge.

Bei der häuslichen Kammermusik der Wiener Jahre spielte Mozart Bratsche, mitunter in illustrer Besetzung: mit seinem Vater Leopold, mit Joseph Haydn (der bisweilen aber nur zuhörte), Anton Teyber, Anton Kraft, dem Grafen Hadik, Johann von Häring, den Freiherren Anton und Bartholomäus Tinti und anderen meist adligen Liebhabern. Die bevorzugten Instrumente seiner Spätzeit wurden, auch in der Komposition: Bratsche, Klavier und Klarinette. Letztere spielte er nicht, aber er versorgte seinen Freund Anton Stadler mit den schönsten Werken für dieses Instrument, ganz zuletzt schrieb er ihm noch den großartigen konzertanten Part für Baßklarinette bzw. Bassetthorn in zwei Arien von *La clemenza di Tito*. Bei der Bratsche blieb es eine stille Liebe, die diesem zurückhaltenden und meist im Verborgenen blühenden Instrument geziemt.

Als Lehrer teilte Mozart das Los so mancher anderer schöpferischer Musiker: er mußte unterrichten, um leben zu können und verachtete gleichzeitig diese Tätigkeit, weil sie ihm seine Unfreiheit zum Bewußtsein brachte und ihm die Zeit zum Komponieren stahl. Es gibt eine Reihe von Briefstellen, in denen er sich über das verhaßte Stundengeben beklagt. Am 7. Februar 1778 schreibt er dem Vater aus Mannheim: *Ich könnte mich* (in Paris) *mit nichts recht fortbringen, als mit Scholaren, und zu der Arbeit bin ich nicht geboren. Ich habe hier ein lebendiges Beispiel. Ich hätte zwei Scholaren haben können; ich bin zu jedem 3 Mal gegangen, dann habe ich einen nicht angetroffen, mithin bin ich ausgeblieben. Aus Gefälligkeit will ich gern Lektion geben, besonders wenn ich sehe, daß eines Genie, Freu-*

de und Lust zum Lernen hat. Aber zu einer gewissen Stunde in ein Haus gehen zu müssen, oder zuhause auf einen warten zu müssen, das kann ich nicht, und sollte es mir auch noch so viel einbringen, das ist mir ohnmöglich. Das lasse ich Leuten über, die sonst nichts können, als Clavier spielen. Ich bin ein Componist, und bin zu einem Kapellmeister geboren. Ich darf und kann mein Talent im Komponieren, welches mir der gütige Gott so reichlich gegeben hat, (ich darf ohne Hochmut so sagen, denn ich fühle es nun mehr als jemals) nicht so vergraben; und das würde durch die vielen Scholaren, denn das ist ein sehr unruhiges Metier. Ich wollte lieber, so zu sagen, das Clavier als die Composition negligieren. Denn das Clavier ist nur meine Nebensach, aber Gott sei Dank, eine sehr starke Nebensach. Ähnliche Klagen führt er am 31. Juli 1778 aus Paris und am 28. Dezember 1782 aus Wien.

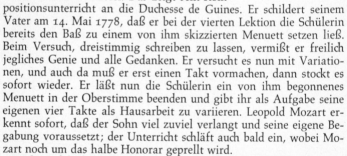

Und dennoch war Mozart ein passionierter Lehrer, weil er, von seiner technischen Meisterschaft abgesehen, über jenen pädagogischen Eros verfügte, ohne den kein gedeihlicher Unterricht zustande kommt. Natürlich bedurfte es bei den Schülern gewisser Voraussetzungen, die Mozart als *Genie, Freude und Lust zum Lernen* bezeichnet hat. Er war nur bei glänzend begabten Schülern ein guter Lehrer, denn er forderte leicht zuviel. Das zeigt sein Kompositionsunterricht an die Duchesse de Guines. Er schildert seinem Vater am 14. Mai 1778, daß er bei der vierten Lektion die Schülerin bereits den Baß zu einem von ihm skizzierten Menuett setzen ließ. Beim Versuch, dreistimmig schreiben zu lassen, vermißt er freilich jegliches Genie und alle Gedanken. Er versucht es nun mit Variationen, und auch da muß er erst einen Takt vormachen, dann stockt es sofort wieder. Er läßt nun die Schülerin ein von ihm begonnenes Menuett in der Oberstimme beenden und gibt ihr als Aufgabe seine eigenen vier Takte als Hausarbeit zu variieren. Leopold Mozart erkennt sofort, daß der Sohn viel zuviel verlangt und seine eigene Begabung voraussetzt; der Unterricht schläft auch bald ein, wobei Mozart noch um das halbe Honorar geprellt wird.

Mehr Erfolg hatte Mozart mit Rosa Cannabich im Klavierunterricht. Was er über sie schreibt, zeigt deutlich den geborenen Pädagogen (14./16. November 1777): *Sie ist sehr geschickt, und lernt sehr leicht. Die rechte Hand ist sehr gut, aber die linke ist leider ganz verdorben ... Wenn ich jetzt ihr förmlicher Meister wäre, so sperrte ich alle ihre Musikalien ein, deckte ihr das Clavier mit einem Schnupf-*

Das Ständetheater in Prag

tuch zu, und ließe ihr solang mit der rechten und linken Hand, anfangs ganz langsam, lauter Passagen, Triller, Mordente, extra
exercieren, bis die Hand völlig eingerichtet wäre, dann hernach getrauete ich mir eine rechte Clavieristin aus ihr zu machen. Denn es
ist schade. Sie hat so viel Genie, sie liest ganz passabel, sie hat sehr
viel natürliche Leichtigkeit, und spielt mit sehr viel Empfindung.

Von noch höherem Rang war sein kontrapunktischer Unterricht
an Thomas Attwood (dessen Unterlagen in der neuen Mozart-Ausgabe erscheinen werden). E. Lauer hat 1958 ein Übungsheft Mozarts
vom Jahr 1784 herausgegeben, das er auf einen an Babette von Ployer
erteilten Unterricht Mozarts bezieht. O. E. Deutsch hält es für unwahrscheinlich, daß Babette von Ployer bei Mozart theoretischen Unterricht genommen hat. Wie dem auch sei: Mozart hat in diesem
Übungsheft sowohl seine intensive Beschäftigung mit Bach wie auch
sein vorzügliches Unterrichtstalent bewiesen. Diese Übungen, die Systematik, Gründlichkeit und Phantasie verraten, dokumentieren Mozart als genialen Lehrer. Ein weiteres sprechendes Beispiel seines Lehrerfolges ist der mit der pädagogischen Intensität des Liebenden an

Maria Anna (Nannerl) von Berchthold zu Sonnenberg. Ölbild, um 1785

Aloysia Weber erteilte Gesangsunterricht; daß sie eine gefeierte Sängerin wurde, ist nicht zuletzt seiner Unterweisung (aber auch Förderung zu danken.

Der Musikästhet Mozart, der vom Pädagogen Mozart nur schlecht zu trennen ist, hat sich bereits in allen zitierten Briefstellen dokumentiert. In der ersten Wiener Zeit trug er sich mit dem Gedanken, unter einem Pseudonym einen Essay über die wichtigsten Regeln des musikalischen Geschmacks und der Satzkunst zu schreiben; leider hat er dieses Vorhaben nicht verwirklicht. Was er — mehr als aphoristische Glossen — hinterließ, ergibt aber eine ganze Musikästhetik.

Der *Musikalische Spaß* ist, das sagten wir schon, als geistreiche Persiflage eine negativ formulierte Musikästhetik. Die Regeln der Kompositionskunst, die Ausgewogenheit aller Teile untereinander, das rechte Verhältnis von Melodie und Begleitung, die wendige, der harmonischen Durchgänge sichere und dabei geraffte thematische Arbeit, die instrumentale Meisterschaft und bei allem Fleiß die schöpferische Potenz: all das war für ihn selbstverständliche Voraussetzung. Als der Tenor Michael O'Kelly ihn um Kompositionsunterricht bat, schrieb Mozart: *Hätten Sie ... zur rechten Zeit Contrapunkt studiert, so hätten Sie wohlgetan; jetzt, wo Sie nur an Ihre Ausbildung als Sänger zu denken haben, würden Sie nichts Rechtes erreichen. Bedenken Sie, daß halbes Wissen ein gefährlich Ding ist. Sie haben ein hübsches Talent, Melodien zu erfinden; mit ein wenig Theorie würden Sie dasselbe verderben, während Sie überall Musiker finden, die Ihnen etwas nachhelfen können. Melodie ist das Wesen der Musik. Wer Melodien erfindet, den vergleiche ich mit einem edlen Rassepferd, einen bloßen Contrapunktisten mit einem Postgaul.*

Eindeutig hat Mozart seine Auffassung vom richtigen Singen niedergelegt, am besten wohl in seinem langen Brief vom 12. Juni 1778, in dem er den alternden Tenor Anton Raaff (den späteren Idomeneo) und den Salzburger Tenor Joseph Meißner miteinander vergleicht. Dem ersten sagt er ein schönes Andantino, einen ausdrucksvollen Vortrag nach, der jetzt freilich, da seine Kräfte nachlassen, *zu sehr ins Cantabile geht,* während früher seine Stärke offenbar in der Bravour lag. An Meißner rügt er, daß er das Vibrato übertreibt. *Das ist auch wirklich abscheulich. Die Menschenstimme zittert schon selbst, aber so, in einem solchen Grade, daß es schön ist: das ist die Natur der Stimme. Man macht ihrs auch nicht allein auf den Blasinstrumenten, sondern auch auf den Geigeninstrumenten nach, ja sogar auf den Clavieren. Sobald man aber über die Schranken geht, so ist es nicht mehr schön, weil es wider die Natur ist. Da kömmts mir just vor wie auf der Orgel, wenn der Blasbalg stößt.*

Er fordert eine deutliche Aussprache (die er Raaff nachsagt), beim Instrumentalisten übrigens ein beherrschtes Mienenspiel, ohne Grimassen und übertriebene Bewegungen. Er verlangt makellose Wiedergabe des Originaltextes, genaue Beachtung der Vortragszeichen und absolute Gleichmäßigkeit im Rhythmus, der, ohne maschinell zu werden, unbeirrbar eingehalten werden muß. Ein Greuel war ihm die Nichteinhaltung des Tempos, vor allem das zu schnelle Spielen. Am 20. April 1782 erläutert er das Tempo zu einer eben niedergeschriebenen Fuge: *Ich hab mit Fleiß Andante maestoso draufgeschrieben, damit man sie nur nicht geschwind spiele; denn wenn eine Fuge nicht langsam gespielt wird, so kann man das eintretende Subjekt nicht deutlich und klar ausnehmen, und ist folglich von keiner Wirkung.*

In der Oper verlangt Mozart eine wirkungsvolle, aber nicht übertriebene Aktion, die glaubhaft, weil realistisch sein muß. Als bei den Proben zu der Uraufführung von *Don Giovanni* in Prag die Darstellerin der Zerline bei der (versuchten oder auch geglückten) Vergewaltigung den Aufschrei nur andeutet, kneift Mozart sie so heftig in den Arm, daß sie vor Schmerz laut aufschreit: nun, da es glaubhaft wirkt, ist er zufrieden. Was hat er unter den «Marmorstatuen» seiner schauspielerisch unbegabten Sänger (zu denen auch Raaff gehörte) gelitten, was hat er als Dramaturg und Textverbesserer um Prägnanz, Kürze, Durchsichtigkeit gekämpft. Den Monolog des Hamlet bei Shakespeare fand er zu lang, und er hat immer wieder an dramatisch erhellenden Stellen seiner Bühnenwerke gekürzt und gestrichen: die unterirdische Stimme im 3. Akt von *Idomeneo* hat er von achtundvierzig auf sieben Takte gerafft. Mozart hatte nicht nur ein angeborenes dramatisches Gefühl, sondern er war auch ein unablässiger, impulsiver und erfolgreicher Erzieher auf dem Theater.

Mozarts Improvisationen an Klavier und Orgel und sein eigenes Spiel sind uns verloren. Aber erhalten sind uns sein — trotz mancher Verluste immer noch — riesiges schöpferisches Werk und zahlreiche musikästhetische Anweisungen aus seiner Feder, die es uns möglich machen, dieses Werk in seinem Sinn zu interpretieren: mit einem unbestechlichen Sinn für Einfachheit und Sauberkeit, ohne Gefühlsüberschwang und ohne romantische Verzerrung, mit dem angemessenen inneren Ausdruck, ohne sinnlose Bravour, aber mit Geist, im rechten Zeitmaß und in der richtigen Deklamation, mit dem natürlichen Adel seiner Kantilene und in der klaren Durchsichtigkeit seines Aufbaus. Nur wer dem Werk dient und sich selber zurückstellt, kann Mozart interpretieren; es muß alles so schlicht, so natürlich klingen, als sei es die einfachste Sache auf der Welt. Nur der Spieler, nicht der Hörer, darf merken, daß es nichts Schwereres gibt, als der absoluten Schönheit und Vollkommenheit zu unversehrtem Klang und Leben zu verhelfen.

ZEITTAFEL

1756 Geburt Wolfgang Amadé Mozarts am 27. Januar in Salzburg als siebentes und letztes Kind des Musikers Leopold Mozart und seiner Frau Anna Maria, geb. Pertl. Der Vater ist Violinist in der Hofkapelle, wird 1757 zum Hofkomponisten ernannt, ist außerdem Musiklehrer und Verfasser einer «Violinschule».

1761 Erste Komposition: *Menuett* (KV 1). Erstes Auftreten in Johann Ernst Eberlins «Sigismundus».

1762 Reise nach München und Wien mit dem Vater und der fünf Jahre älteren Schwester Maria Anna (Nannerl).

1763 Reise mit der Familie über München, Augsburg, Ludwigsburg, Schwetzingen, Heidelberg, Mainz, Frankfurt a. M. (hier hört ihn der vierzehnjährige Goethe), Koblenz, Köln, Aachen, Brüssel nach Paris. Erste *Sonaten* (für Violine und Klavier).

1764 Weiterreise nach London. Zusammentreffen mit Karl Friedrich Abel und Johann Christian Bach. *Londoner Notenbuch*.

1765 Weiterreise nach Den Haag. Die ersten drei *Sinfonien*, weitere *Violinsonaten*.

1766 Weiterreise nach Amsterdam. Nach längerem dortigen Aufenthalt Fortsetzung der Reise über Utrecht, Mecheln nach Paris. Rückreise über Dijon, Lyon, Genf, Lausanne, Bern, Zürich (Salomon Geßner), Donaueschingen, Ulm, München nach Salzburg.

1767 Geistliches Singspiel *Die Schuldigkeit des ersten Gebotes* (12. März, Salzburg). Lateinische Schuloper *Apollo et Hyacinthus* (13. Mai, Salzburg). Reise mit dem Vater und Nannerl nach Wien. Komposition der von Franz I. bestellten Oper *La finta semplice*. Vorübergehender Aufenthalt in Olmütz. Erkrankung an Blattern.

1768 Singspiel *Bastien und Bastienne*. Rückkehr nach Salzburg.

1769 Opera buffa *La finta semplice* (1. Mai, Salzburg). Konzertmeister in Salzburg. Dezember: Erste Italienreise mit dem Vater.

1770 Aufenthalt in Mailand. Begegnung mit Giovanni Battista Sammartini. In Bologna Zusammentreffen mit Padre Martini. Fortsetzung der Reise über Padua nach Rom. Ernennung zum Ritter vom Goldenen Sporn durch Papst Klemens XIV. Weiterreise nach Neapel. Begegnung mit Giovanni Paisiello. Rückreise über Rom, Bologna (Ernennung zum Mitglied der «Academia Filarmonica»), Mailand. Opera seria *Mitridate, rè di Ponto* (26. Dezember, Mailand). In Lodi erstes *Streichquartett* (KV 80).

1771 Fortsetzung der Rückreise über Turin, Venedig, Padua, Vicenza, Verona, Innsbruck nach Salzburg. August: Zweite Italienreise mit dem Vater. Serenata teatrale *Ascanio in Alba* (26. Oktober, Mailand). Begegnung mit Johann Adolf Hasse. Rückkehr nach Salzburg. Oratorium *La Betulia liberata*.

1772 Serenata dramatica *Il sogno di Scipione* zum Amtsantritt des Salzburger Erzbischofs Hieronymus Graf Colloredo. Ernennung zum besoldeten Konzertmeister. Oktober: Dritte Italienreise mit dem Vater. Dramma per musica *Lucio Silla* (26. Dezember, Mailand).

1773   Rückkehr nach Salzburg. Reise mit dem Vater nach Wien. *Streich-quartette, Sinfonien,* erstes *Klavierkonzert, Divertimenti, Serena-den.* Bühnenmusik zu Geblers Schauspiel «Thamos, König in Ägyp-ten».

1774   Dezember: Reise nach München.

1775   Opera buffa *La finta giardiniera* (13. Januar, München). März: Rückkehr nach Salzburg. Dramma per musica *Il rè pastore* (23. April, Salzburg). *Instrumentalmusik, Violinkonzerte.*

1776   *Klavierkonzerte, Serenaden* (u. a. *Haffner-Serenade*), *Divertimenti, Kirchensonaten, Messen.*

1777   *Konzerte, Divertimenti, Kirchenmusik.* Abschiedsgesuch und Entlas-sung aus dem Salzburger Hofdienst. September: Reise mit der Mut-ter über München und Augsburg nach Mannheim. Liebe zu Aloysia Weber, der Schwester seiner späteren Gattin Constanze.

1778   *Klaviersonaten, Violinsonaten, Flötenwerke.* März: Fortsetzung der Reise nach Paris. Ballettmusik *Les petits riens* (11. Juni, Paris). *Sinfonien* (u. a. *Pariser Sinfonie*). Tod der Mutter (3. Juli). Septem-ber: Rückreise über Straßburg, Mannheim, München.

1779   Januar: Ankunft in Salzburg. Wiedereintritt in den erzbischöflichen Dienst als Konzertmeister und Hoforganist. *Orchester-* und *Kirchen-werke* (u. a. *Krönungsmesse*). Unvollendetes Singspiel *Zaïde.*

1780   Arbeit an *Idomeneo.* November: Reise nach München.

1781   Opera seria *Idomeneo* (29. Januar, München). Reise nach Wien auf Befehl des Erzbischofs. Nach dem Bruch mit diesem Niederlassung in Wien und Konzerttätigkeit an privaten und öffentlichen Wiener Akademien während der nächsten Jahre. Pianistischer Wettstreit mit Muzio Clementi. Arbeit an *Die Entführung aus dem Serail. In-strumentalmusik.*

1782   Singspiel *Die Entführung aus dem Serail* (16. Juli, Wien). *Instru-mentalmusik* (u. a. *Haffner-Sinfonie*). Vermählung mit Constanze Weber (4. August).

1783   Sommer: Reise mit Constanze nach Salzburg. *Messe in c-moll, Lin-zer Sinfonie.* Oktober: Rückkehr nach Wien. Opernfragmente *L'oca del Cairo* und *Lo sposo deluso.* Geburt und Tod des Sohnes Raimund Leopold.

1784   Geburt des Sohnes Karl Thomas. *Klavierkonzerte, Klaviermusik, Tänze.*

1785   Oratorium *Davidde penitente* (13. März, Wien). Leopold Mozart in Wien. Arbeit an *Le nozze di Figaro. Klavierkonzerte, Klaviermu-sik, Streichquartette, Maurerische Trauermusik.*

1786   Komödie mit Musik *Der Schauspieldirektor* (7. Februar, Wien). Opera buffa *Le nozze di Figaro* (1. Mai, Wien). *Prager Sinfonie.* Geburt und Tod des Sohnes Johann Leopold.

1787   Januar: Reise mit Constanze nach Prag. Rückkehr nach Wien. *Kam-mermusik* (u. a. *Eine kleine Nachtmusik*). Tod des Vaters (28. Mai). Ernennung zum «K. K. Kammer-Kompositeur». Geburt der Tochter Theresia. Oktober: Zweite Reise nach Prag. Dramma giocoso *Don Giovanni* (29. Oktober, Prag). Rückkehr nach Wien.

1788   Tod der Tochter Theresia. Die drei letzten *Sinfonien in Es-dur, g-moll, C-dur (Jupiter-Sinfonie). Kammermusik.*

1789   Reise mit dem Fürsten Lichnowsky nach Dresden, Leipzig, Potsdam, Berlin. Rückkehr nach Wien. Arbeit an *Così fan tutte. Klarinettenquintett,* Händel-Bearbeitungen. Geburt und Tod der Tochter Anna.

1790   Opera buffa *Così fan tutte* (26. Januar, Wien). Reise nach Frankfurt a. M. zur Kaiserkrönung Leopold II. Rückkehr über Mannheim und München.

1791   Geburt des Sohnes Franz Xaver Wolfgang. Letztes *Klavierkonzert.* Kurze Reise nach Prag. Opera seria *La clemenza di Tito* (6. September, Prag). Oper *Die Zauberflöte* (30. September, Wien). Motette *Ave verum corpus, Klarinettenkonzert,* unvollendetes *Requiem.* Tod Mozarts am 5. Dezember in Wien.

ZEUGNISSE

KARL DITTERS VON DITTERSDORF

Er [Mozart] ist unstreitig eins der größten Originalgenies, und ich habe bisher noch keinen Komponisten gekannt, der so einen erstaunlichen Reichtum von Gedanken besitzt. Ich wünschte, er wäre nicht so verschwenderisch damit. Er läßt den Zuhörer nicht zu Atem kommen; denn kaum will man einem schönen Gedanken nachsinnen, so steht schon wieder ein anderer herrlicher da, der den vorigen verdrängt, und das geht immer in einem fort, so daß man am Ende keine dieser Schönheiten im Gedächtnis aufbewahren kann.

Lebensbeschreibung. 1786

RICHARD WAGNER

Mozart... komponierte... die erste große deutsche Oper: Die Zauberflöte. Der Deutsche kann die Erscheinung dieses Werkes gar nicht erschöpfend genug würdigen. Bis dahin hatte die deutsche Oper so gut wie gar nicht existiert; mit diesem Werk war sie erschaffen.

Über deutsches Musikwesen. 1840

GIOACCHINO ROSSINI

Die Deutschen sind von jeher die großen Harmoniker, wir Italiener die großen Melodiker in der Tonkunst gewesen; seitdem sie im Norden aber Mozart hervorgebracht haben, sind wir Südländer auf unserm eigenen Felde geschlagen, denn dieser Mann erhebt sich über beide Nationen: er vereinigt mit dem ganzen Zauber, der Cantilene Italiens die ganze Gemütstiefe Deutschlands, wie sie in der so genial und reich entwickelten Harmonie seiner zusammenwirkenden Stimmen hervortritt.

Äußerung gegenüber Emil Naumann. 1867

BERNARD SHAW

Ich kann Mozart nicht gerecht beurteilen. Ich brauche nur irgendwie lebhaft an seine schönsten Werke erinnert zu werden, schon kommt mir jeder andere wie ein sentimentaler, hysterischer Pfuscher vor.

World. 9. 12. 1891

FELIX MOTTL

Mozart ist der kühnste Neuerer, den es je gegeben hat; er war der fortschrittlichste Musiker, der je gelebt hat; denn er hat wirklich etwas ganz Neues, Unerhörtes in die musikalische Kunst gebracht: er hat die einzelnen Instrumente des Orchesters sprechen gelehrt, er hat ihnen Seele gegeben — mit einem Worte, durch Mozart ist die Musik in einem gewissen Sinne erst entdeckt worden.

Zu Mozarts hundertstem Todestag. 1891

Ferruccio Busoni

So denke ich über Mozart: Er ist bisher die vollkommenste Erscheinung musikalischer Begabung. Zu ihm blickt der reine Musiker beglückt und entwaffnet auf. Sein kurzes Leben und seine Fruchtbarkeit erhöhen seine Vollendung zum Range des Phänomens. Seine nie getrübte Schönheit irritiert. Sein Formensinn ist fast außermenschlich.

Berliner Lokalanzeiger. 27. 1. 1906

Ermanno Wolf-Ferrari

Mozart ist in der Musik eines der schwersten Kapitel: weil er die Vollendung ist. Man darf sich ihm nur lernend nahen. Man lernt bei ihm nie aus. Vorausgesetzt, daß man zu ahnen angefangen hat, daß Musik sich zwar durch Töne offenbart, selbst aber nicht Klang ist. Sie ist, falls sie absolut rein ist, klingende Unsterblichkeit.

Mozart und das Zeitlose. 1940

Richard Strauss

Fast unmittelbar [auf Bach] folgt das Wunder Mozart mit der Vollendung und absoluter Idealisierung der Melodie der menschlichen Stimme — ich möchte sie die Platonsche «Idee» und «Urbilder» nennen, nicht zu erkennen mit dem Auge, nicht zu erfassen mit dem Verstande, als Göttlichstes nur von dem Gefühl zu ahnen, dem das Ohr sie «einzuatmen» gewährt. Die Mozartsche Melodie ist — losgelöst von jeder irdischen Gestalt — das Ding an sich, schwebt gleich Platons Eros zwischen Himmel und Erde, zwischen sterblich und unsterblich — befreit vom «Willen» —, tiefstes Eindringen der künstlerischen Phantasie, des Unbewußten, in letzte Geheimnisse, ins Reich der «Urbilder».

Schweizerische Musikzeitung. 1. 6. 1944

Bruno Walter

Lichtgebend auf diesem Wege [Aufschluß über die wahre geistige Gestalt Mozarts zu finden] scheint mir nun das Gewahrwerden eines

einzigartigen Grundzuges des Mozart'schen Schaffens, der sich in
zwei auf die gleiche Quelle weisenden Formen äußert — Wahrhaftigkeit wird zur Schönheit, Kompliziertheit zur Klarheit: jeder dramatische Ausdruck in Tönen, jede musikalische Charakterisierung von
Menschen, Empfindungen, Stimmungen und Vorgängen in Mozarts
Bühnenwerken wird, ohne Einbuße an überzeugender Wahrhaftigkeit, in die Sphäre einer hohen Schönheit erhoben, die lebhafteste
Vielfalt dramatischen Geschehens ist zu musikalischer Formvollkom-
menheit gestaltet. Es sind diese Schönheit und Formvollendung, die
einen Tiefblick in Mozarts Wesen gewähren: wir dürfen daraus
schließen, daß sein Herz von einer transzendentalen Harmonie erfüllt war, die auf sein Künstlertum entscheidenden Einfluß ausübte.
Alles, was er schuf — seine dramatischen und vokalen Werke wie
seine absolute Musik, letztere auch, wo sie dissonanten Gefühlen
stärksten Ausdruck gab — bewahrte aus dieser unirdischen Sphäre
die Obertöne einer «jenseitigen» Konsonanz.

Vom Mozart der Zauberflöte. 1955

ERNST KŘENEK

Was uns, denen Mozarts persönliche Abweichungen von der artisti-
schen Konvention seiner Zeit unverkennbar vor Augen stehen, so
bewundernswert erscheint, ist die Tatsache, daß diese Abweichungen
sich der Konvention ohne Pathos, Drama und Protest ganz zwanglos
einschmiegen. Sie wirken nicht so sehr als Kühnheiten (im Beetho-
venschen Sinn), sondern als wunderbare Enthüllung von Möglichkeiten, die kleineren Geistern verschlossen blieben. Das mag sogar
eine der Ursachen sein, warum Mozart es trotz allem unleugbaren
Erfolg zu nichts gebracht hat. Da seine Originalität so glücklich in
die Konvention eingebettet war, fiel er nicht hinreichend auf, nachdem er einmal dem trügerischen Ruhm der Wunderkinderei entwach-
sen war. Der Charakter seiner Musik gestattete, sie als gefällige
Durchschnittsware hinzunehmen. Ihre Größe wurde erst erkennbar
aus einer zeitlichen Distanz, die ihr Schöpfer nicht durchleben durfte.

Forum. 1956

Von wem ist die Rede, außer von Geld?

Ich besitze keine Millionen . . .

. . . und die wenigen tausend Franken, die ich mit meiner Arbeit verdient habe, gebe ich nun und nimmer für Reklame, Claqueurs und ähnlichen Dreck aus. Dieser Satz steht in einem Brief, den ein 41jähriger aus Paris an eine Gräfin Maffei schrieb. Die «wenigen tausend Franken» waren freilich nur Lohn für sein Pariser Zwischenspiel. In seiner Heimat konnte er sich vom Verdienst seiner Werke einen grosen Landbesitz («Sant'Agata») mit Weinbergen kaufen und eine Pferdezucht betreiben, die unter Kennern so weltberühmt war, wie es seine Werke als Künstler heute noch sind.

Geboren wurde er im selben Jahr wie Wagner. Das Taufzeugnis nennt die Vornamen Joseph Fortunin François, wiewohl er nicht Franzose war. Mit seinem Vater, einem Wirt und Krämer, überwarf er sich später, als er dessen Schulden bezahlen sollte. Als 19jähriger wollte er sich in einer berühmten Schule ausbilden lassen, wurde aber «wegen erwiesener Unfähigkeit» nicht aufgenommen. Später wollte sich diese Schule nach ihm benennen – da lehnte er ab, als 85jähriger.

Seine Hauptlektüre von Jugend an war die Bibel, und seinen ersten Triumph errang er denn auch mit einer Bearbeitung des 23. und 24. Kapitels aus dem 2. Buch der Könige; sein Mitautor war ein einstiger Geheimagent, der einmal dem Khediven in Kairo 365 verschiedene Arten der Salatzubereitung gezeigt hatte. Eines seiner populärsten Werke wurde zur Einweihung eines Großbauwerks außerhalb Europas uraufgeführt; er selbst konnte nicht teilnehmen, da er Seereisen nicht vertrug.

Fuhr er in zweispänniger Kalesche über seine Ländereien, so begleitete ihn meist ein prächtiger Hahn. Er legte sich eine Autographensammlung zu und experimentierte eine Zeitlang mit einem chemischen Pulver, das Faßwein heller machen sollte.

Wer war's? Alphabetische Lösung: 22–5–18–4–9).

BIBLIOGRAPHIE

Im Rahmen dieser Bibliographie kann nur eine kleine Auswahl aus der Fülle der Mozart-Literatur gegeben werden. Dabei können Aufsätze und Abhandlungen in Sammelwerken, Festschriften und Zeitschriften (besonders zahlreich erschienen in den Mozart-Jahren 1891, 1906, 1941, 1956) grundsätzlich nicht berücksichtigt werden. Von den Buchpublikationen werden aus der frühen Phase der Mozart-Forschung nur die bedeutenderen Werke aufgeführt, während größere neue Monographien und Untersuchungen in etwas reicherer Auswahl geboten werden. Abrißhafte Darstellungen, Würdigungen und Gedenkschriften müssen aus Raumgründen übergangen werden. Mit Hilfe der Bibliographien und Literaturangaben, die viele der genannten Werke enthalten, sowie der im folgenden verzeichneten Bibliographien kann weiteres Schrifttum für eine eingehendere Beschäftigung mit Mozart unschwer ermittelt werden.

1. Bibliographien

Curzon, Henri de: Essai de bibliographie Mozartine. Revue critique des ouvrages relatifs à W. A. Mozart et à ses œuvres. Paris 1906. 39 S.

Keller, Otto: Wolfgang Amadeus Mozart. Bibliographie und Ikonographie. Berlin, Leipzig 1927. X, 274 S.

Elvers, Rudolf, und Géza Rech (seit 1952 nur von Rudolf Elvers; seit 1958 von Richard Schaal): Mozart-Bibliographie 1945 bis lfd. in: Mozart-Jahrbuch 1951 ff [Jahresbibliographien.]

Wendelin, Lidia F.: Mozart Magyarországon. Mozart in Ungarn. [Bibliographie.] Mit einer Einl. von Ervin Major. Budapest 1958. 203 S., Abb. (Új bibliográfiai füzetek. 2) [Ungar. und dt.]

Schaal, Richard: [Bibliographie der Mozart-]Ausgaben. In: Die Musik in Geschichte und Gegenwart. Allgemeine Enzyklopädie der Musik. Hg. von Friedrich Blume. Bd. 9. Kassel 1961. Sp. 812—826

Lippmann, Friedrich: [Bibliographie der Mozart-]Literatur. In: Die Musik in Geschichte und Gegenwart [siehe oben]. Sp. 826—839

2. Werke

a. Gesamtausgaben

Wolfgang Amadeus Mozarts Werke. Kritisch durchgesehene Gesamtausgabe. (Hg. von J. Brahms, F. Espagne, O. Goldschmidt, J. Joachim, L. Ritter von Köchel, G. Nottebohm, C. Reinecke, E. Rudorff, P. Spitta, P. Graf Waldersee, V. Wilder, F. Wüllner.) 24 Serien. 69 Bde. Leipzig (Breitkopf und Härtel) 1877—1905 — Photolitograph. Neuausg.: 40 Bde. Ann Arbor/Michigan (Edwards) 1951—1956 (Edwards music reprints. A, 4)

Wolfgang Amadeus Mozart. Neue Ausgabe sämtlicher Werke. In Verbindung mit den Mozartstädten Augsburg, Salzburg und Wien hg. von der Internationalen Stiftung Mozarteum Salzburg. Kassel, Basel, London, New York (Bärenreiter) 1955 ff [Die Ausgabe ist erst im Erscheinen. Vorgesehen sind 10 Serien: I. Geistliche Gesangswerke. II. Bühnenwerke. III. Lieder und Kanons. IV. Orchesterwerke. V. Konzerte. VI. Kirchensonaten. VII. Größere Ensemblemusik für Instrumente. VIII. Kammermusik. IX. Klaviermusik. X. Supplement.]

b. Werkverzeichnisse

Köchel, Ludwig Ritter von: Chronologisch-thematisches Verzeichnis sämtlicher Tonwerke Wolfgang Amadé Mozarts. Nebst Angabe der verlorengegangenen, angefangenen, übertragenen, zweifelhaften und unterschobenen Kompositionen. Leipzig 1862 — 2. Aufl. bearb. von Paul Graf Waldersee. Leipzig 1905 — 3. Aufl. bearb. von Alfred Einstein. Leipzig 1937 — Nachdruck der 3. Aufl. mit einem Supplement «Berichtigungen und Zusätze» von Alfred Einstein. Ann Arbor/Michigan 1947 — Nachdruck der 3. Aufl. ohne Ergänzungen als 4. Aufl. Leipzig 1958 — 6. Aufl. bearb. von Franz Giegling [o. a.]. Wiesbaden 1964

W. A. Mozart. Gesamtkatalog seiner Werke. «Köchel-Verzeichnis.» Neubearb. und hg. von Karl Franz Müller. Wien 1951

Der kleine Köchel. Chronologisch und systematisches Verzeichnis sämtlicher musikalischer Werke von Wolfgang Amadeus Mozart. Zusammengestellt auf Grund der 3. von Alfred Einstein bearb. Aufl. des Chronologisch-thematischen Verzeichnisses . . . von Ludwig Ritter von Köchel. Hg. von Hellmut von Hase, Wiesbaden 1951 — 4. Aufl. 1961

Lippmann, Friedrich: [Mozart. Verzeichnis der] Werke. In: Die Musik in Geschichte und Gegenwart [siehe unter «Bibliographien»]. Bd. 9. Kassel 1961. Sp. 739—751

Vgl. weiterhin die Werkverzeichnisse bei Eric Blom (1935), Alfred Einstein (1945), Yvonne Tiénot (1953) und in The Mozart handbook (1954) [siehe unter «Gesamtdarstellungen»]

3. Periodica und Sammelwerke

Mozart-Jahrbuch. Hg. von Hermann Abert. Jg. 1—2. München 1923—1924. — Jg. 3. Augsburg 1929

Neues Mozart-Jahrbuch. Im Auftrage des Zentralinstituts für Mozartforschung am Mozarteum Salzburg hg. von Erich Valentin. Jg, 1—3. Regensburg 1941—1943

Mozart-Jahrbuch. Hg. von der Internationalen Stiftung Mozarteum. (Ab 1954: Mozart-Jahrbuch des Zentralinstitutes für Mozartforschung der Internationalen Stiftung Mozarteum.) Salzburg 1950 ff

Jahresberichte der Internationalen Stiftung Mozarteum in Salzburg. (Ab 1918: Mozarteums-Mitteilungen; ab 1952: Mitteilungen der Internationalen Stiftung Mozarteum Salzburg.) Salzburg 1880 ff [Mit Unterbrechungen.]

Mitteilungen für die Mozart-Gemeinde in Berlin. Hg. von Rudolph Genée. Berlin 1895—1925

Mitteilungen der Wiener akademischen Mozart-Gemeinde. Red. von Hein-

RICH DAMISCH. (Ab 1939: Wiener Figaro; ab 1945 red. von ERIK WERBA.)
Wien 1931 ff

Acta Mozartiana. Mitteilungen der Deutschen Mozart-Gesellschaft. Red.
von ERICH VALENTIN. Augsburg 1954 ff

Bericht über die musikwissenschaftliche Tagung der Internationalen Stiftung Mozarteum in Salzburg 1931. Hg. von ERICH SCHENK. Leipzig 1932.
XII, 312 S.

Internationale Konferenz über das Leben und Werk W. A. Mozarts, Prag
1956. Hg. vom Verband tschechoslowakischer Komponisten. Dt. Ausg.
von P. ECKSTEIN. Prag 1956

The Mozart companion. Ed. by H. C. ROBBINS LANDON and DONALD MIT-
CHEL. London, New York 1956. XV, 397 S., Abb.

Mozart. Aspekte. Hg. von PAUL SCHALLER und HANS KÜHNER. Olten, Freiburg i. B. 1956. 360 S.

4. Lebenszeugnisse

a. Briefe

Die Briefe W. A. Mozarts und seiner Familie. Erste kritische Gesamtausgabe von LUDWIG SCHIEDERMAIR. 5 Bde. München, Leipzig 1914 [Bd.
1—2: Die Briefe W. A. Mozarts. Bd. 3—4: Die Briefe Leopold Mozarts
und der übrigen Familie. Bd. 5: Mozart-Ikonographie.]

Briefe Wolfgang Amadeus Mozarts. Hg. im Auftrage des Zentralinstituts
für Mozartforschung am Mozarteum in Salzburg von ERICH HERMANN
MÜLLER VON ASOW. 2 Bde. Berlin 1942

Mozart. Briefe und Aufzeichnungen. Gesamtausgabe. Hg. von der Inter-
nationalen Stiftung Mozarteum Salzburg. Gesammelt und erl. von
WILHELM A. BAUER und OTTO ERICH DEUTSCH. Kassel, Basel, London,
New York 1962—1963 [Bd. I—IV]

b. Dokumente

Mozart. Die Dokumente seines Lebens. Gesammelt und erl. von OTTO
ERICH DEUTSCH. Kassel, Basel, London, New York 1961. IX, 606 S. (Mozart. Neue Ausgabe sämtlicher Werke. Serie X. Supplement. Werkgruppe
34)

W. A. Mozart's Handschrift. In zeitlich geordneten Nachbildungen hg. von
LUDWIG SCHIEDERMAIR. Leipzig 1919. 16 S., 88 Taf. (Veröffentlichung des
fürstlichen Institutes für musikwissenschaftliche Forschung zu Bücke-
burg. 1)

Wolfgang Amadeus Mozart. Verzeichnis aller meiner Werke. Hg. von
ERICH HERMANN MÜLLER VON ASOW. Wien, Leipzig 1943. 103 S. — 2.
Aufl. Wien, Wiesbaden 1956

Nannerl Mozarts Tagebuchblätter mit Eintragungen ihres Bruders Wolfgang Amadeus. Vorgelegt und bearb. im Auftrage der Internationalen
Stiftung Mozarteum von WALTER HUMMEL. Salzburg, Stuttgart 1958.
135 S., Abb.

Konstanze Mozart. Briefe, Aufzeichnungen, Dokumente, 1782—1842. Im Auftrage des Mozarteums zu Salzburg mit einem biographischen Essay hg. von ARTHUR SCHURIG. Dresden 1922. XLVIII, 191 S., Abb.

Mozart. Seine Persönlichkeit in den Aufzeichnungen und Briefen seiner Zeitgenossen und seinen eigenen Briefen. Hg. von OTTO HELLINGHAUS. Freiburg i. B. 1922. XXIII, 254 S. (Bibliothek wertvoller Denkwürdigkeiten. 6)

Wolfgang Amadeus Mozart. Berichte der Zeitgenossen und Briefe. Gesammelt und erl. von ALBERT LEITZMANN. Leipzig 1926. 519 S., Taf.

TENSCHERT, ROLAND: Mozart. Ein Künstlerleben in Bildern und Dokumenten. Amsterdam 1931. VII, 277 S., Abb.

GOETZ, WOLFGANG: Mozart. Sein Leben in Selbstzeugnissen, Briefen und Berichten. Berlin 1941. 381 S., Abb.

SPOHR, WILHELM: Mozart. Leben und Werk. Briefe, Zeitberichte, Dokumente, Bilder. Berlin 1941. 480 S., Abb. — Neuaufl. Berlin 1951. 458 S., Abb. (Nation und Welt)

SCHMIDT, CARL WALTHER: Wolfgang Amadeus Mozart. Sein Leben und Schaffen in Briefen und Berichten. Heidelberg 1947. 207 S., Abb.

RUTZ, HANS: Wolfgang Amadeus Mozart. Dokumente seines Lebens und Schaffens. München 1950. 226 S. — 2. Aufl. 1956

GREITHER, ALOYS: Wolfgang Amadé Mozart. Seine Leidensgeschichte an Briefen und Dokumenten dargestellt. Heidelberg 1958. 150 S.

c. Bilder

Mozart und seine Welt in zeitgenössischen Bildern. Begründet von MAXIMILIAN ZENGER, vorgelegt von OTTO ERICH DEUTSCH. Kassel, Basel, London, New York 1961. XXVI, 404 S. (Mozart. Neue Ausgabe sämtlicher Werke. Serie X. Supplement. Werkgruppe 32)

Mozart-Ikonographie. Hg. und erl. von LUDWIG SCHIEDERMAIR. München, Leipzig 1914 (Die Briefe W. A. Mozarts und seiner Familie. Bd. 5)

BORY, ROBERT: Wolfgang Amadeus Mozart. Sein Leben und sein Werk in Bildern. Genf 1948. 225 S. [S. 35—218: Taf.] — 2. Aufl. Zürich 1962

RECH, GÉZA: Wolfgang Amadeus Mozart. München, Berlin 1955. 46 S. mit Abb., 76 Taf. (Lebenswege in Bildern)

VALENTIN, ERICH: Mozart. Eine Bildbiographie. München 1959. 144 S., Abb. (Kindlers klassische Bildbiographien)

5. Gesamtdarstellung und Biographien

SCHLICHTEGROLL, FRIEDRICH VON: Nekrolog auf das Jahr 1791. Gotha 1793 — Wiederabdruck in: Schlichtegroll, Musiker-Nekrologe. Neu hg. von RICHARD SCHAAL. Kassel, Basel 1954

NIEMETSCHEK, FRANZ: Leben des k.k. Kapellmeisters Wolfgang Gottlieb Mozart nach Original-Quellen beschrieben. Prag 1798 — 2. verm. Aufl. 1808 — Faksimiledruck: Hg. und eingel. von ERNST RYCHNOWSKY. Prag 1905

NISSEN, GEORG NIKOLAUS VON: Biographie W. A. Mozart's. Nach Originalbriefen, Sammlungen alles über ihn Geschriebenen, mit vielen neuen

Beylagen, Steindrücken, Musikblättern und einem Facs. Hg. von CONSTANZE VON NISSEN, früher Wittwe Mozart. Mit einem Vorworte von Dr. FEUERSTEIN. Mit einem Anhang. Leipzig 1828. XLIV, 702, 220 S. — Neuaufl. 1849

ULIBISCHEFF, ALEXANDER VON: Nouvelle biographie de Mozart. 3 Bde. Moskau 1843 — Dt.: Mozart's Leben und Werke. Stuttgart 1847 — 2. Aufl. Neu hg. von L. GANTTER. 4 Bde. 1859

HOLMES, EDWARD: The life of Mozart. London 1845. IV, 364 S. — Rev. Neuausg. London, New York 1912. XII, 303 S. (Everyman's Library) — 3. Aufl. 1932

JAHN, OTTO: W. A. Mozart. 4 Bde. Leipzig 1856—1859 — 3. Aufl. Bearb. und ergänzt von HERMANN DEITERS. 2 Bde. Leipzig 1889—1891. XLV, 853; XIV, 888 S. — 5. Aufl. Neubearb. und erw. Ausg. von HERMANN ABERT. 2 Bde. Leipzig 1919—1921. XXVI, 1035; VI, 1084, 53 S. — 7. Aufl. 1955—1956

NOHL, LUDWIG: Mozart. Stuttgart 1863. V, 592 S. — 2. verm. Aufl. u. d. T.: Mozart's Leben. Leipzig 1870 — 4. Aufl. Neubearb. von PAUL SAKOLOWSKI. Berlin 1922. 371 S., Taf.

NOHL, LUDWIG: Mozart nach den Schilderungen seiner Zeitgenossen. Leipzig 1880, 410 S., Abb.

WILDER, VICTOR: Mozart, l'homme et l'artiste. Histoire de sa vie d'après les documents authentiques et les travaux les plus récents. Paris 1880. XII, 329 S. — 2. Aufl. 1922 — Engl.: 2 Bde. New York, London 1908

STORCK, KARL: Mozart. Sein Leben und Schaffen. Stuttgart 1908. 553 S.

SCHMIDT, LEOPOLD: W. A. Mozart. Berlin 1912. 149 S., Abb. (Berühmte Musiker. 19)

WYZEWA, TEODOR DE, et GEORGE DE SAINT-FOIX: W.-A. Mozart. So vie musicale et son œuvre. Essai de biographie critique. 5 Bde. Paris 1912—1946

SCHURIG, ARTHUR: Wolfgang Amadeus Mozart. Sein Leben und sein Werk auf Grund der vornehmlich durch Nikolaus von Nissen gesammelten biographischen Quellen und der Ergebnisse der neuesten Forschung dargestellt. 2 Bde. Leipzig 1913. 514; 408 S., Abb. — 2. bearb. Aufl. 1923

SCHIEDERMAIR, LUDWIG: Mozart. Sein Leben und seine Werke. München 1922. XVIII, 495 S., Taf. — 2. umgearb. und verm. Aufl. Bonn 1948. 530 S., Taf.

KELLER, OTTO: Wolfgang Amadeus Mozart. Sein Lebensgang nach den neuesten Quellen geschildert. Berlin, Leipzig 1926. 240 S.

PAUMGARTNER, BERNHARD: Mozart. Berlin 1927. 496 S., Taf. — 5. rev. Aufl. Zürich, Freiburg i. B. 1957. 566 S., Taf.

HUSSEY, DYNELEY: Wolfgang Amade Mozart. London 1927. XIII, 368 S. (Masters of music)

DAVENPORT, MARCIA: Mozart. New York 1932. XI, 400 S. — Neuausg. 1956

GHÉON, HENRI: Promenades avec Mozart. L'homme, l'œuvre, le pays. Paris 1932. 484 S. — Dt.: Wanderung mit Mozart. Der Mensch, das Werk, das Land. Salzburg 1938. 464 S., Taf. — 3. neu übers. Aufl.: Auf den Spuren Mozarts. Graz, Wien, Köln 1953. 452 S., Abb.

HAAS, ROBERT: Wolfgang Amadeus Mozart. Potsdam 1933. 160 S., Abb. (Die großen Meister der Musik) — 2. bearb. Aufl. 1950

Hevesy, André de: Vie de Mozart. Paris 1934. 242 S. — Neuausg. u. d. T.: Mozart. 1936

Blom, Eric: Mozart. London, New York 1935. XI, 387 S., Abb. — Dt.: Zürich 1954. 358 S., Abb. — 2. Aufl. München 1961

Pitrou, Robert: La vie de Mozart. Paris 1936. 268 S.

Kolb, Annette: Mozart. Wien 1937. 313 S., Taf. — Neuaufl. Erlenbach-Zürich 1956

Turner, Walter James: Mozart. The man and his works. London 1938. 391 S. — Neuaufl. Garden City, New York 1954 (Doubleday Anchor Books. A, 24)

Fusero, Clemente: Mozart. Torino 1941. 287 S. — 3. Aufl. 1947

Komorzynski, Egon von: Mozart. Sendung und Schicksal. Berlin 1941. XIV, 215 S., Abb. — 2. umgearb. Aufl. Wien 1955. 400 S.

Orel, Alfred: Mozarts deutscher Weg. Deutung aus Briefen. Wien 1941. 575 S., Abb.

Röttger, Karl: Wolfgang Amadeus Mozart. Leipzig 1941. 486 S. — Neuaufl. Stuttgart 1952

Einstein, Alfred: Mozart. His character, his work. New York 1945. X, 492 S., Taf. — 2. Aufl. London 1946 — Dt.: Mozart. Sein Charakter, sein Werk. Stockholm 1947. 637 S. — 4. Aufl. Kassel 1960

Doldinger, Friedrich: Mozart. Kuppenheim-Murgtal 1946. 159 S. — Neuausg. Stuttgart 1950. 254 S.

Valentin, Erich: Mozart. Hameln 1947. 343 S. — 2. verb. Aufl. u. d. T.: Mozart. Wesen und Wandlung. Salzburg 1953. 272 S.

Tenschert, Roland: Wolfgang Amadeus Mozart. Salzburg 1951. 143 S., Abb.

Tiénot, Yvonne: W.-A. Mozart. Esquisse biographique. Suivi d'un tableau chronologique et thématique de ses œuvres d'après les classements de L. von Köchel et de T. de Wyzewa et G. de Saint-Foix. Paris 1953. 157 S.

The Mozart handbook. A guide to the man and his music. Ed. by Louis Leopold Biancolli. Cleveland 1954. XXI, 629 S., Abb.

Brion, Marcel: Mozart. Paris 1955. 301 S. (Artistes et écrivains) — Dt. Auszug: Mozarts Meisteropern. Erlenbach-Zürich, Stuttgart 1956. 77 S.

Goldschmitt, Adolf: Mozart. Genius und Mensch. Hamburg 1955. 417 S., Abb.

Jacob, Heinrich Eduard: Mozart oder Geist, Musik und Schicksal. Frankfurt a. M. 1955. 466 S.

Nettl, Paul: W. A. Mozart. Mit Beiträgen von Alfred Orel, Roland Tenschert und Hans Engel. Frankfurt a. M., Hamburg 1955. 202 S., Taf. (Fischer-Bücherei. 106)

Schenk, Erich: Wolfgang Amadeus Mozart. Eine Biographie. Zürich, Leipzig, Wien 1955. 831 S., Abb.

Schneider, Otto: Mozart in Wirklichkeit. Mit einer Einf. von Hans Joachim Moser. Wien 1955. 400 S., Abb.

Seeger, Horst: W. A. Mozart. Leipzig 1956. 228 S., Abb. — 2. Aufl. 1960

Massin, Jean, et Brigitte Massin: Wolfgang Amadeus Mozart. Paris 1959. 1202 S., Abb.

Haldane, Charlotte: Mozart. London, New York 1960. 149 S.

BLUME, FRIEDRICH: Mozart. In: Die Musik in Geschichte und Gegenwart [siehe unter «Bibliographien»]. Bd. 9. Kassel 1961. Sp. 699–839 mit Abb.
HILDESHEIMER, WOLFGANG: Mozart. Frankfurt a. M. 1977

6. Einzelnes zur Biographie

ZENTNER, WILHELM: Der junge Mozart. Altötting 1946. 136 S. (Bücher der Heimat. 12)
HUMMEL, WALTER: Nannerl, Wolfgang Amadeus Mozarts Schwester. Zürich, Leipzig, Wien 1952. 103 S., Abb.
BLÜMML, EMIL KARL: Aus Mozarts Freundes- und Familienkreis. Wien, Prag, Leipzig 1923. VIII, 247 S., Taf.
HUMMEL, WALTER: W. A. Mozarts Söhne. Kassel 1956. X, 383 S., Abb.
SCHMID, ERNST FRITZ: Ein schwäbisches Mozart-Buch. Lorch, Stuttgart 1948. 500 S., Abb.
Augsburger Mozartbuch. Augsburg 1943. V, 592 S., Taf. (Zeitschrift des Historischen Vereins für Schwaben. 55/56)
WEGELE, LUDWIG: Mozart und Augsburg. Augsburg, Basel 1956. 110 S., Abb.
Mozart und München. Ein Gedenkbuch. Gesamtleitung: HANS ARTHUR THIES. München 1941. 127 S., Abb.
POHL, CARL FERDINAND: Mozart in London. Wien 1867. XIV, 188 S. (Pohl, Mozart und Haydn in London. Abth. 1)
Eine Wallfahrt zu Mozart. Die Reisetagebücher von Vincent und Mary Novello aus dem Jahre 1829. Hg. von NERINA MEDICI DI MARIGNANO und ROSEMARY HUGHES. Deutsche Übersetzung von Ernst Roth. Bonn 1959
OSTOJA, ANDREA: Mozart e l'Italia. Bologna 1955. 47 S., Abb.
Mozart in Italia. I viaggi. A cura di GUGLIELMO BARBLAN, ANDREA DELLA CORTE [u. a.]. Milano 1956. 306 S.
DEUTSCH, OTTO ERICH: Mozart und die Wiener Logen. Zur Geschichte seiner Freimaurerkompositionen. Wien, Berlin 1932. 35 S.
HAAS, ROBERT: Bach und Mozart in Wien. Wien 1951. 49 S., Taf.
PROCHÁZKA, RUDOLPH FRH. VON: Mozart in Prag. Prag 1892. 241 S., Abb.
— 2. neubearb. und erw. Ausg. Hg. von PAUL NETTL u. d. T.: Mozart in Böhmen. Prag 1938. 255 S.
SIP, LADISLAV: Mozart in Prague. Prague 1956. 44 S., Abb.
HOLZ, HANS: Mozarts Krankheiten und sein Tod. Leipzig 1940. 31 S.

7. Einzeluntersuchungen

DENT, EDWARD JOSEPH, und ERICH VALENTIN: Der früheste Mozart. Hg. in Verbindung mit H. J. LAUFER von der Deutschen Mozart-Gesellschaft. München 1956. 62 S., Abb.
LACH, ROBERT: W. A. Mozart als Theoretiker. Wien 1918. 100 S., Abb. (Kaiserliche Akademie der Wissenschaften in Wien. Phil.-hist. Klasse. Denkschriften. 61, 1)
HOCQUARD, JEAN-VICTOR: La pensée de Mozart. Paris 1958. 740 S.
HOESLI, IRMA: Wolfgang Amadeus Mozart. Briefstil eines Musikgenies. Zürich 1948. 147 S., Abb.

KÜHN, ARNOLD: Mozarts humoristische Briefe. Literarhistorische Beiträge zum Verständnis der Briefe und dichterischen Versuche. Diss. Saarbrücken 1960. XXXVII, 249 S.

Les influences étrangères dans l'œuvre de W. A. Mozart. Études réunies et présentés par ANDRÉ VERCHALY. (Colloques internationaux, Paris 1956) Paris 1958. 273 S. (France. Centre national de la recherche scientifique)

[KELLER, HERMANN; UNVERRICHT, HUGO; JONAS, OSWALD; KREUTZ, ALFRED; ZIMMERMANN, EWALD:] Die Bedeutung der Zeichen Keil, Strich und Punkt bei Mozart. Fünf Lösungen einer Preisfrage. Hg. von HANS ALBRECHT. Kassel, Basel, London 1957. 110 S. (Musikwissenschaftliche Arbeiten. 10)

LÜTHY, WERNER: Mozart und die Tonartencharakteristik. Straßburg 1931. IV, 92 S. (Sammlung musikwissenschaftlicher Abhandlungen. 3)

SIEGMUND-SCHULTZE, WALTHER: Mozarts Melodik und Stil. Eine Studie. Leipzig 1957. 184 S.

TALING-HAJNALI, MARIA: Der fugierte Stil bei Mozart. Bern 1959. 130 S. (Publikationen der Schweizerischen Musikforschenden Gesellschaft. 2,7)

NEUMANN, FRIEDRICH: Der Typus des Stufenganges der Mozart'schen Sonatendurchführung. Diss. Graz 1958. 85 Bll. [Masch.]

SCHROEDER, FELIX: Die Instrumentation bei Mozart und seine Bearbeitungen eigener Werke. Diss. Köln 1949. 90 Bll. [Masch.]

ELVERS, RUDOLF: Untersuchungen zu den Tempi in Mozarts Instrumentalmusik. Diss. Berlin (Freie Univ.) 1953. 87 Bll. [Masch.]

BLASCHITZ, MENA: Die Salzburger Mozartfragmente. Diss. Bonn 1926. 309 Bll. [Masch.]

HAUSSWALD, GÜNTER: Mozarts Serenaden. Ein Beitrag zur Stilkritik des 18. Jahrhunderts. Leipzig 1951. VI, 176 S.

SCHULTZ, DETLEF: Mozarts Jugendsinfonien. Leipzig 1900. 101 S.

SAINT-FOIX, GEORGE DE: Les symphonies des Mozart. Étude et analyse. Paris 1932. 282 S. — Engl.: London 1947. 188 S.

DICKINSON, ALAN EDGAR FREDERIC: A study of Mozart's last three symphonies. London 1927. 58 S. — 2. Aufl. u. d. T.: Mozart's last three symphonies. London 1940

DAVID, JOHANN NEPOMUK: Die Jupiter-Symphonie. Eine Studie über die thematisch-melodischen Zusammenhänge. Göttingen 1953. 39 S. — 3. Aufl. 1956. (Kleine Vandenhoeck-Reihe. 21)

VENT, KARL: Harmonische Probleme in den Klaviersonaten Mozarts. Diss. Köln 1942 [1951]. 117 Bll. [Masch.]

GIRDLESTONE, CUTHBERT MORTON: Mozart et ses concertos pour piano. 2 Bde. Paris 1940. — 2. Aufl. 1 Bd. 1953. 530 S. (Bibliothèque Mozartienne) — Engl.: London 1948. 512 S. — Neuaufl. Norman 1952

DENNERLEIN, HANS: Der unbekannte Mozart. Die Welt seiner Klavierwerke. Leipzig 1951. XII, 328 S., Taf.

BALLIN, ERNST AUGUST: Die Klavierlieder Mozarts. Diss. Bonn 1943. 457 Bll. [Masch.]

DUNHILL, THOMAS FREDERICK: Mozart's string quartets. 2 Bde. London 1927

FELLERER, KARL GUSTAV: Mozarts Kirchenmusik. Salzburg, Freilassing 1955. 151 S.

HOLSCHNEIDER, ANDREAS: Händels «Messias» in Mozarts Bearbeitung. Diss. Tübingen 1960. XII, 156 Bll. [Masch.]

NETTL, PAUL: Mozart und der Tanz. Zur Geschichte des Balletts und Gesellschaftstanzes. Zürich, Stuttgart 1960. 128 S.

DENT, EDWARD JOSEPH: Mozart's operas. A critical study. London 1913. 448 S. — 4. Aufl. London 1960. XII, 276 S. — Dt.: Mozarts Opern. Berlin 1922. 243 S.

COHEN, HERMANN: Die dramatische Idee in Mozarts Operntexten. Berlin 1916. 115 S.

LERT, ERNST: Mozart auf dem Theater. Berlin 1918. XVIII, 491 S., Abb. — 4. Aufl. Berlin, Stuttgart 1921

KAESTNER, ERWIN: Das Opernproblem und seine Lösung bei Mozart. Jena 1932. 88 S.

ANDREES, GÜNTHER: Mozart und Da Ponte oder Die Geburt der Romantik. Wien 1936. 315 S.

TENSCHERT, ROLAND: Mozart. Ein Leben für die Oper. Wien 1941. 247 S., Abb.

CONRAD, LEOPOLD: Mozarts Dramaturgie der Oper. Würzburg 1943. VIII, 431 S., Taf. (Das Nationaltheater. 8)

BENN, CHRISTOPHER, Mozart on the stage. With an introduction by RICHARD CAPELL. London 1946. 178 S.

GREITHER, ALOYS: Die sieben großen Opern Mozarts. Versuche über das Verhältnis der Texte zur Musik. Heidelberg 1956. 240 S.

JUNGK, KLAUS: Tonbildliches und Tonsymbolisches in Mozarts Opern. Diss. Berlin 1938. 79 S.

SCHMIDT [-ISSERSTEDT], HANS: Die Einflüsse der Italiener auf die Instrumentation der Mozartschen Jugendopern. Diss. Münster 1923. 65 Bll. [Masch.]

KILLER, HERMANN: Die Tenorpartien in Mozarts Opern. Ein Beitrag zu Geschichte und Stil des Bühnengesanges. Kassel 1929. 92 S. (Königsberger Studien zur Musikwissenschaft. 6)

LAUENER, DOROTHEA: Die Frauengestalten in Mozarts Opern. Diss. Zürich 1954. 79 S.

OELBERMANN, HANNELIESE: Mozarts «Entführung aus dem Serail» auf der Wiener und Hamburger Bühne. Diss. Hamburg 1945. 167, 40 Bll. [Masch.]

LEVARIE, SIEGMUND: Mozart's «Le nozze di Figaro». A critical analysis. Chicago 1952. X, 269 S.

DUMESNIL, RENÉ: Le Don Juan de Mozart. Paris 1927. 182 S. (Collection des grandes œuvres musicales) — Neuausg. 1955. 192 S., Abb. (Ars et historia)

TIERSOT, JULIEN: Don Juan de Mozart. Étude historique et critique, analyse musicale. Paris 1927. 226 S.

JOUVE, PIERRE JEAN: Le Don Juan de Mozart. Fribourg 1942. 269 S. — 3. Aufl. Paris 1948. — Engl.: London 1957

DENT, EDWARD JOSEPH; BLOM, ERIC; DANE, CLEMENCE: Mozart's «Così fan tutte». Essays. London 1945. 48 S. (Sadler's Wells opera books. 2)

DENT, EDWARD JOSEPH: Mozart's opera The Magic Flute. Its history and interpretation. Cambridge 1911. 93 S.

KUFFERATH, MAURICE: La «Flûte enchantée» de Mozart. Paris 1919. 147 S.,
Abb.

WALTERSHAUSEN, HERMANN WOLFGANG VON: Die Zauberflöte. Eine opern-
dramaturgische Studie. München 1920. 126 S. (Musikalische Stillehre
in Einzeldarstellungen)

NETTL, PAUL: Mozart und die königliche Kunst. Die freimaurerische Grundlage der «Zauberflöte». Berlin 1932. 168 S., Taf.

DECKER, HERBERT: Dramaturgie und Szene der «Zauberflöte». Regensburg
1949. 95 S.

SKALICKI, WOLFRAM: Das Bühnenbild der Zauberflöte. Diss. Wien 1950.
156, 31 Bll. [Masch.]

MORENZ, SIEGFRIED: Die Zauberflöte. Eine Studie zum Lebenszusammen-
hang Ägypten — Antike — Abendland. Münster, Köln 1952. 93 S., Taf.
(Münsterische Forschungen. 5)

MANICKE, DIETRICH: Die Sprache als musikalischer Gestaltträger in Mozarts
Zauberflöte. Diss. Berlin (Freie Univ.) 1956. 205 Bll. [Masch.]

8. Zur Wirkungsgeschichte

VALENTIN, ERICH: Wege zu Mozart. Mit Briefen, Urteilen der Zeitgenossen
und der Nachwelt. Regensburg 1941. 230 S., Taf. (Deutsche Musik-
bücherei. 2)

REICH, WILLI: Bekenntnis zu Mozart. Luzern 1945. 318 S., Taf.

KING, ALEXANDER HYATT: Mozart in retrospect. Studies in criticism and
bibliography. London, New York 1955. XIII, 278 S. — 2. rev. Aufl.
1956 — Dt. Auszug: Mozart im Spiegel der Geschichte. Eine kritische
und bibliographische Studie. Kassel, Basel 1956. 48 S. (Musikwissenschaftliche Arbeiten. 9)

Mozart. Seine Welt und seine Wirkung. Augsburg 1956. 142 S.

BÖHME, ERDMANN WERNER: Mozart in der schönen Literatur. (Drama, Ro-
man, Novelle, Lyrik.) Eine motivgeschichtliche Abhandlung mit einer
Bibliographie. In: Bericht über die musikwissenschaftliche Tagung der
Internationalen Stiftung Mozarteum in Salzburg 1931. Leipzig 1932.
S. 179—297 — Erw. Sonderabdruck: Greifswald 1932 — Fortsetzung:
Mozart in der schönen Literatur. II. Teil. In: Mozart-Jahrbuch 1959,
S. 165—187

OEHL, KURT HELMUT: Beiträge zur Geschichte der deutschen Mozart-Über-
setzungen. Diss. Mainz 1954. VII, 239, 22 Bll. [Masch.]

BADURA-SKODA, EVA, und PAUL BADURA-SKODA: Mozart-Interpretation.
Wien, Stuttgart 1957. 347 S., Abb.

HUMMEL, WALTER: Chronik der Internationalen Stiftung Mozarteum in
Salzburg. Salzburg 1951. 107 S., Taf. (Jahresbericht der Internationalen
Stiftung Mozarteum. 41)

NAMENREGISTER

*Die kursiv gesetzten Zahlen bezeichnen die Abbildungen,
die hochgestellten Ziffern verweisen auf die Fußnoten*

QUELLENNACHWEIS DER ABBILDUNGEN

Historisches Bildarchiv, Bad Berneck: 6, 11, 18/19, 32, 41, 124/125, Umschlag-Rückseite / Mozartgemeinde, Augsburg: 8, 53 / Internationale Stiftung Mozarteum, Salzburg: 10, 14, 15, 110, 148 / Ullstein-Bilderdienst: 12, 28 / Historia-Photo, Bad Sachsa: 17, 22, 36, 50, 68, 152, 153, 156 / Archiv für Kunst und Geschichte: 20/21 und Umschlag-Vorderseite, 25, 34, 140, 154 / Bibliothèque Nationale, Paris: 26 / Süddeutscher Verlag, München: 30 / Gesellschaft der Musikfreunde, Wien: 38 / Bildarchiv der Österreichischen Nationalbibliothek: 42, 46/47, 48, 71, 74, 87, 120/121, 139, 142, 143, 145 / Mozart-Gedenkstätte, Augsburg: 43, 49, 52, 67, 82, 83, 84, 136, 137 / Historischer Verein, Eichstätt: 44 / Mozart-Museum, Salzburg: 55, 69, 81, 146 / Graphische Sammlung, München: 56/57 / University of Glasgow: 61 / British Museum, London: 64/65, 76/77 / Conservatorio G. B. Martini, Bologna: 78, 79 / Reiss-Museum, Mannheim: 80 / Mozarthaus, Salzburg: 112 / Civica Raccolta Stampe Bertarelli, Mailand: 118/119 / Kurpfälzisches Museum, Heidelberg: 150.

rowohlts mono-graphien

in Selbstzeugnissen
und Bilddokumenten
Herausgegeben
von Kurt und Beate
Kusenberg

Betrifft: Musik

rowohlts mono- graphien

in Selbstzeugnissen
und Bilddokumenten
Herausgegeben
von Kurt und Beate
Kusenberg

bildmono rororo graphien

Betrifft: Philosophie Religion

rowohlts mono- graphien

in Selbstzeugnissen
und Bilddokumenten
Herausgegeben
von Kurt und Beate
Kusenberg

**Betrifft: Philosophie
Religion**

rowohlts monographien

in Selbstzeugnissen
und Bilddokumenten
Herausgegeben
von Kurt und Beate
Kusenberg

**Betrifft:
Naturwissenschaft
Medizin**

rowohlts mono-graphien

in Selbstzeugnissen
und Bilddokumenten
Herausgegeben
von Kurt und Beate
Kusenberg

bildmono rororo graphien

Betrifft: Geschichte

rowohlts mono- graphien

in Selbstzeugnissen und Bilddokumenten Herausgegeben von Kurt und Beate Kusenberg

Betrifft: Literatur

rowohlts mono- graphien

in Selbstzeugnissen und Bilddokumenten Herausgegeben von Kurt und Beate Kusenberg

bildmono rororo graphien

Betrifft: Literatur

rowohlts monographien

in Selbstzeugnissen
und Bilddokumenten
Herausgegeben
von Kurt und Beate
Kusenberg

Betrifft: Literatur

rowohlts mono-graphien

in Selbstzeugnissen
und Bilddokumenten
Herausgegeben
von Kurt und Beate
Kusenberg

Betrifft: Literatur

rowohlts mono- graphien

in Selbstzeugnissen
und Bilddokumenten
Herausgegeben
von Kurt und Beate
Kusenberg

Betrifft: Kunst Theater Film

roro neu

roroneu

rororo handbuch

Zum Nachschlagen und Informieren

Handlexikon zur Literaturwissenschaft
Hg. von Diether Krywalski. Band 1: Ästhetik–Literaturwissenschaft, materialistische (6221). Band 2: Liturgie–Zeitung (6222)

Lexikon der Archäologie
Warwick Bray / David Trump
Band 1: Abbevillien–Kyros der Große
Band 2: Labyrinth–Zweitbestattung
Mit 94 Abb. auf Tafeln u. zahlr. Textillustrationen [6187 u. 6188]

Lexikon der griechischen und römischen Mythologie
von Herbert Hunger mit Hinweisen auf das Fortwirken antiker Stoffe und Motive in der bildenden Kunst, Literatur und Musik des Abendlandes bis zur Gegenwart [6178]

Begriffslexikon der Bildenden Künste
in 2 Bänden. Die Fachbegriffe der Baukunst, Plastik, Malerei, Grafik und des Kunsthandwerks. Mit 800 Stichwörtern, über 250 Farbfotos, Gemäldereproduktionen, Konstruktionszeichnungen, Grundrissen und Detailaufnahmen. Band 1: A–K [6142]; Band 2: L–Z [6147]

Künstlerlexikon
985 Biographien der großen Maler, Bildhauer, Baumeister und Kunsthandwerker. Mit 290 Werkbeispielen, davon 245 i. Farbe. Bd. 1: [6165]; Bd. 2: [6166]

Lexikon der Kunststile
in 2 Bänden. Mit 322 Abbildungen, davon 253 in Farbe. Band 1: Von der griechischen Archaik bis zur Renaissance [6132]; Band 2: Vom Barock bis zur Pop-art [6137]

Lexikon der Weltarchitektur
in 2 Bänden. Hg. von Nikolaus Pevsner, John Fleming und Hugh Honour. Auswahl und Zusammenstellung der Bilder Dr. Walter Romstoeck. Mit über 1000 Abbildungen. Band 1: A–K [6199]; Band 2: L–Z [6200]

rororo Schauspielführer von Aischylos bis Peter Weiss
Hg. von Dr. Felix Emmel. Mit Einführungen in die Literaturepochen, in Leben und Werke der Autoren; 100 Rollen- und Szenenfotos. Anhang: Fachwörterlexikon, Autoren- u. Werkregister [6039]

rororo Musikhandbuch
Band 1. Musiklehre und Musikleben [6167]; Band 2. Lexikon der Komponisten, Lexikon der Interpreten, Gesamtregister [6168]

rororo Filmlexikon
Hg. von Liz-Anne Bawden und Wolfram Tichy. Band 1–3: Filme, Filmbeispiele, Genres, Länder, Institutionen, Technik, Theorie (6228, 6229, 6230). Band 4–6: Personen, Regisseure, Schauspieler, Kameraleute, Produzenten, Autoren (6231, 6232, 6233)

Rock-Lexikon
von Siegfried Schmidt-Joos u. Barry Graves unter Mitarbeit von Bernie Sigg. Aktualisiert und erweitert. 150 neue Biographien [6177]

Marxistisch-leninistisches Wörterbuch der Philosophie
in 3 Bänden. Neubearbeitete und erweiterte Ausgabe. Hg. von Georg Klaus und Manfred Buhr [6155; 6156; 6157]

Bobby Fischer lehrt Schach
Ein programmierter Schachlehrgang von Weltmeister Bobby Fischer [6870]